AF320294

Sania Wahid

A escrita da vida em Malcolm X, LeRoi Jones e Martin Luther King Jr

Sania Wahid

A escrita da vida em Malcolm X, LeRoi Jones e Martin Luther King Jr

ScienciaScripts

Imprint

Any brand names and product names mentioned in this book are subject to trademark, brand or patent protection and are trademarks or registered trademarks of their respective holders. The use of brand names, product names, common names, trade names, product descriptions etc. even without a particular marking in this work is in no way to be construed to mean that such names may be regarded as unrestricted in respect of trademark and brand protection legislation and could thus be used by anyone.

Cover image: www.ingimage.com

This book is a translation from the original published under ISBN 978-620-2-05700-4.

Publisher:
Sciencia Scripts
is a trademark of
Dodo Books Indian Ocean Ltd. and OmniScriptum S.R.L publishing group

120 High Road, East Finchley, London, N2 9ED, United Kingdom
Str. Armeneasca 28/1, office 1, Chisinau MD-2012, Republic of Moldova, Europe
Printed at: see last page
ISBN: 978-620-7-75335-2

Copyright © Sania Wahid
Copyright © 2024 Dodo Books Indian Ocean Ltd. and OmniScriptum S.R.L publishing group

PREFÁCIO

As experiências vividas constituem, logicamente, uma das fontes mais naturais de literatura possível. Quer dizer, o que se poderia escrever melhor do que a própria vida? Diários, memórias, cartas, discursos e até mensagens de texto fazem agora parte da documentação ou do registo da vida de uma pessoa. Servindo como uma janela para os dias do escritor, para a sua casa, bairro, comunidade, cultura e nação através dos seus olhos, os escritos autobiográficos comprovam a existência de um povo. Por isso, o escritor tende a ter um interesse especial na representação de um mundo em seu poder. Por muito interessante que possa parecer, esta situação acarreta uma série de complicações.

Este livro é um estudo de caso de três exemplos particulares do género de escrita de vida, destinado a fornecer respostas sobre como ler uma autobiografia. Espera servir de paradigma para os licenciados interessados no campo da escrita de vida, para os estudantes que estão a experimentar as águas deste género, para os académicos relacionados com os estudos americanos, a literatura afro-americana, o Movimento dos Direitos Civis, a Narratologia e a literatura comparada. Pretende também ser um estímulo saudável para o leitor com um interesse geral em qualquer um dos campos mencionados ou nas vidas dos três líderes.

Os textos a analisar para uma análise dos espaços pessoais e públicos de uma figura pública são *A Autobiografia de Malcolm X* (1965), *A Autobiografia de LeRoi Jones* (1997) e *A Autobiografia de Martin Luther King Jr.* (1998). Procurar-se-á compreender a figura pública como um homem no domínio pessoal. A sua perceção do eu, bem como o efeito do lapso de tempo e da re-memória na sua escrita sobre os acontecimentos da sua vida, constituem uma observação interessante. Também se analisa a invasão da vida pública no seu espaço privado, bem como a expressão do privado na arena pública.

O livro que tem nas suas mãos é um guia comparativo de leitura de autobiografias e, por isso, inclui um capítulo de enquadramento e três capítulos centrais. O capítulo de enquadramento fornece a compreensão básica do conteúdo, enquanto os três capítulos centrais serão uma análise aprofundada dos três temas principais de um estudo dos textos. Dois dos temas consistem em avaliar o homem no domínio privado com o seu impacto no seu eu público, enquanto o último capítulo discute a forma como o pessoal infringe a vida pública. As três autobiografias apresentam material potencial para fazer uma avaliação de uma figura pública em termos de público versus privado.

AGRADECIMENTOS

Gostaria de agradecer a enorme ajuda que me foi dada para escrever o meu primeiro livro.

Pelo seu espírito encorajador, gostaria de agradecer ao Dr. Bijay K. Danta, Professor, Departamento de Inglês e Línguas Estrangeiras, Universidade de Tezpur. O apoio constante que me deu ao longo da construção do trabalho, sem o qual este livro não teria visto a luz do dia, é muito apreciado.

Estou também extremamente grato à Dra. Farheena Danta, Professora do Departamento de Inglês e Línguas Estrangeiras da Universidade de Tezpur, pelos seus conselhos e pela sua generosa ajuda na recolha de material para a minha investigação.

Gostaria de estender a minha sincera gratidão ao Dr. Mridul Buragohain pelo seu apoio durante o processo de publicação. Agradeço à biblioteca e às autoridades da Universidade de Tezpur, bem como ao Departamento de Inglês do Lakhimpur Girls' College, por proporcionarem um ambiente agradável para a realização deste projeto sem obstáculos.

O meu sincero agradecimento à minha família e amigos pela sua tolerância e ajuda, e por acreditarem em mim mais do que eu.

ÍNDICE

INTRODUÇÃO

Desvendar a natureza entrelaçada das esferas pública e privada na vida de três homens que foram líderes do Movimento dos Direitos Civis na América serve múltiplos objectivos. O encapsulamento da vida de uma pessoa que lidera um povo serve de bitola para medir a vida da comunidade que representa. O estudo deste fenómeno tenta compreender certos traços da escrita de vida e examinar as convergências e divergências das esferas pública e privada.

Sendo um relato cumulativo das experiências de uma vida, a autobiografia requer uma crítica eclética da sua narração. Necessita também de uma avaliação do conteúdo com base na crítica sociocultural, uma vez que, a par dos registos individuais, aborda fundamentalmente o aspeto social. Sendo um discurso construído a partir de uma leitura atenta dos textos, requer também a observação de uma crítica textual.

O capítulo de enquadramento contém uma visão geral do que os capítulos principais irão tratar. Denominado "Autobiografia: Escrita de vida num espaço mediado", este capítulo oferece uma cartilha para a discussão que se segue. São discutidas as facetas da escrita de vida e certos elementos de uma autobiografia. Os três aspectos da vida de um homem em relação aos quais as autobiografias são estudadas são introduzidos e discutidos em pormenor. O significado do estudo da figura pública em termos das suas relações familiares, afiliações religiosas e posições políticas é também abordado em pormenor. Para além disso, é explicada a metodologia que complementa o discurso. No seu conjunto, este capítulo ajuda a compreender os registos autobiográficos em geral e a natureza dos textos em que são tratados.

O segundo capítulo intitula-se "Compreender o líder como um homem de família" e aborda as relações familiares do líder público. Um homem, como um filho, é um pedaço de barro que está a ser moldado pelas marcas das pessoas que o criam. Quando o homem é um líder, as mãos que contribuíram para a sua formação são ainda mais importantes. Os textos trabalhados apresentam material potencial para evidenciar o facto de que um filho que cresce para ser líder é muito influenciado na formação de um carácter na posição que mais tarde assume. Como irmão, o homem toma conhecimento de ideias que uma alma afim descobre e das primeiras preocupações de responsabilidade. Um irmão marca a maneira de ver a vida, recorda a infância e cresce para encontrar os seus próprios reflexos um no outro quando adultos. Ao ocupar o lugar de marido, o homem encontra uma companheira com quem partilhar a sua vida e, nesse processo, é testado para medir a força do seu carácter, tanto nos bons como nos maus momentos. Uma vez que a vida de um dirigente público é um fórum aberto a todo o tipo de discussões e acusações motivadas por sentimentos, o homem tem de lidar com as suas inseguranças de pai e protetor de uma família. O estudo das autobiografias aqui apresentadas é uma tentativa de compreender o dirigente público como um homem de família, através das associações que ele alimenta ou, em certos casos, escolhe minar.

O terceiro capítulo, intitulado "Compreender o líder como um homem de religião", analisa um outro aspeto da vida privada de um homem e as suas implicações na sua personalidade pública. A religião é uma escolha extremamente pessoal que depende de muitos factores, tais como imposições e exemplos na família, acontecimentos que alteram a vida na infância, lições duras impressas numa mente impressionável ou encontrar uma direção numa vida condenada à invisibilidade. Especialmente na vida de um afro-americano, a religião sempre foi uma guerra entre a cruz e o crescente. Este facto inevitável teria, naturalmente, repercussões no desenvolvimento de um rapaz negro numa América branca que se dilacerava nas lutas pela igualdade enquanto combatia a segregação. Este capítulo é dedicado à compreensão das filiações religiosas dos homens cujas vidas estão a ser estudadas, e do seu efeito óbvio na formação de um indivíduo que lidera uma raça. Enquanto homem de religião, este capítulo permitir-nos-á também compreender a forma como as crenças pessoais afectam o líder público e a sua pregação.

O quarto capítulo, intitulado "Compreender o líder como figura pública", aborda as características da personalidade pública em relação aos acontecimentos públicos em que é geralmente observado. No entanto, para uma análise das vidas pública e privada que se fundem, este capítulo tenta descobrir as emoções privadas que permanecem veladas enquanto o acontecimento público é sensacionalizado. Trata-se de uma observação das autobiografias, para avaliar se o homem revela as suas emoções e sentimentos pessoais no retrato dos acontecimentos públicos da sua vida. Os incidentes que servem de preparação para um acontecimento histórico importante, colocam o líder sob a luz pessoal que o livro tenta examinar.

Os resultados de cada um dos capítulos deste livro serão incluídos na conclusão.

CAPÍTULO 1
AUTOBIOGRAFIA: A ESCRITA DA VIDA NUM MUNDO MEDIADO
ESPAÇO

A autobiografia é uma ilustração da vida privada trazida para a esfera pública. Este estudo tenta descobrir casos em que o privado é mantido escondido enquanto o público é trazido para a ribalta. O objetivo deste capítulo é construir um esqueleto para o corpo deste projeto que tenta compreender as vidas pública e privada tal como decifradas a partir do estudo de três autobiografias. Sugere-se aqui que, na medida em que o privado e o público se inscrevem nas autobiografias de líderes e figuras públicas, são constantemente mediados pelo tempo, pela memória, pelos acontecimentos e pelo enquadramento narrativo em que as autobiografias são apresentadas. De facto, este livro defende que a história de cada vida é um registo da transformação dos espaços privados em espaços públicos, e vice-versa. Assim, a história pessoal de um indivíduo torna-se a história de uma nação ou de uma comunidade.

O ato de escrever uma autobiografia pode ser visto como um "exemplum". Uma autobiografia é um registo "autêntico" do mundo da vida de um indivíduo que é encapsulado de forma a servir de exemplo para a sua comunidade. Esta prática permite também recriar a história de toda uma comunidade a partir da leitura das experiências das figuras públicas representativas.

Há convergências e divergências nos fenómenos desta relação que podem ser consideradas para fazer um estudo abrangente das autobiografias. Os acontecimentos pessoais são, por vezes, vistos como encontrando expressão na esfera pública, enquanto noutros casos, o público se imiscui na vida privada. Os conflitos privados, as angústias e os momentos de irresolução são transformados em documentações públicas, como uma forma socialmente mais aceitável de extravasar as emoções. Trata-se de casos em que a escrita da vida pública é ditada pelo eu privado e, por conseguinte, é mais expressiva da agitação interior de um homem, das suas confissões e das suas inseguranças. A nível pessoal, estes escritos são também uma janela para a alma da figura, anteriormente conhecida apenas no palco.

As autobiografias são um exemplo da transformação da vida em arte. Uma interpretação antecipada do leitor infiltra-se no seu texto e afecta-o, em alguns casos, transformando-o num retrato tendencioso de uma vida. Escrever uma espécie de resposta ao texto é onde o privado e o público acontecem.

A autobiografia, como forma, ordena retrospetivamente uma série de acontecimentos acumulados da vida de uma pessoa. Mas mais do que acumular informação, uma autobiografia, enquanto diário, continua a oferecer uma interpretação das experiências. Esta interpretação, de certa forma, examina os acontecimentos, a memória e a compreensão da vida em processo e os acontecimentos em retrospeção. Por outras palavras, a autobiografia como diário garante a apresentação simultânea de acontecimentos como processo e acontecimentos como produto. A forma como a pessoa se percepciona a si própria e a forma como a apresenta ao mundo é evidente através da escrita da sua autobiografia. Uma autobiografia é, portanto, um diário único que combina o sentido de viver com o conhecimento de viver examinado. Dito de outra forma, uma autobiografia potencia a experiência ao proporcionar um exame único das experiências a que chamamos interpretação. Por outro lado, ela autentica a interpretação ao fornecer uma rede inegável de experiências e associações que são únicas porque são pessoais; e autênticas porque são únicas. Por outras palavras, a autobiografia legitima as interpretações de experiências pessoais ao autenticar a sua singularidade, não a sua veracidade.

A natureza multifacetada de uma autobiografia, simultaneamente história, arte, confissão e testamento, exige a aplicação de uma crítica eclética. As autobiografias estão firmemente enraizadas na cultura. Ler a história de vida de uma pessoa é mergulhar numa experiência humana em todas as suas interligações e manifestações. Inúmeros actos de memória, reflexão e imaginação ajudam a tecer um padrão de palavras que traduz os acontecimentos da vida de uma pessoa num texto. A pessoa que regista toda a sua consciência remodela o passado subjetivo e o passado objetivo numa narrativa. Recria um passado, repleto de re-memória e de compreensão retrospetiva, que se supõe ter ocorrido de facto e não simplesmente imaginado. Um ato autobiográfico, portanto, torna o escritor simultaneamente o criador e o recriador da sua identidade pessoal. O resultado é tanto uma arte deliberada como um relato mais ou menos fiável do passado, uma história. Assim, esta obra complexa e multidimensional exige uma crítica baseada no aspeto eclético da compilação dos acontecimentos da vida de um homem.

O discurso sobre a escrita de vida dos três homens é também ponderado segundo os parâmetros da teoria sociocultural. A teoria explica como o funcionamento mental individual está relacionado com os contextos culturais, institucionais e históricos, centrando-se assim na perspetiva sociocultural sobre os papéis que a participação em interacções sociais e actividades culturalmente organizadas desempenham na influência do desenvolvimento psicológico. A noção de participação numa perspetiva sociocultural não tem apenas uma natureza individual, mas também social. Implica a contribuição de uma pessoa para as actividades sociais que fazem parte integrante da sua vida. Esta ferramenta utilizada no estudo dos textos ajuda-nos a reconhecer os importantes contributos de várias disciplinas e instituições no desenvolvimento de um homem que se torna um líder público.

Um teórico sociocultural, ao interpretar uma situação de aprendizagem, pode ter em conta o sistema social mais vasto em que a aprendizagem se processa e fará interpretações sobre o pensamento e o desenvolvimento de um indivíduo com base na sua participação em actividades culturalmente organizadas. (Cobb, 1994)

As autobiografias são estudadas em relação a três aspetos da vida de um líder público: as relações familiares, a religião e a arena política.

A família é a principal instituição que fornece a plataforma para o crescimento de um líder. Proporciona a primeira grande saída para o líder levar o privado para a esfera pública. As relações ajudam-nos a reconhecer e a mediar essa plataforma. O seu comportamento como rapaz em casa determina o seu comportamento como homem no mundo exterior. Por exemplo, a forma como uma pessoa trata os seus pais reflecte o seu potencial para lidar com os seus compatriotas mais tarde. A revelação ajuda-nos a compreender, a questionar e a justificar as acções do dirigente público. Esta compreensão também nos dá uma perspetiva dos pontos fortes e fracos da nossa vida. As áreas sensíveis para o homem podem ser explicadas por um acontecimento que ocorreu na sua infância. Nestes casos, a família desempenha um papel importante na determinação da forma como a criança cresce para percecionar o acontecimento em questão e as suas implicações no seu discernimento geral das coisas. É também a primeira ponte entre a esfera pública e a esfera privada. Algumas pessoas são extremamente protectoras das suas famílias e tentam mantê-las fora da narrativa; por vezes, as relações na família são discutidas em profundidade, a fim de registar os acontecimentos e os seus significados em relação à pessoa da forma mais íntima possível. Noutros casos, o privado permeia o público de tal forma que os acontecimentos públicos são considerados apenas em relação às relações pessoais. É também na família que se consolidam as crenças. Quando se sofre um desgosto, recorre-se à família. A forma como se sobrevive a uma grande perda permite-nos compreender a educação do líder e as suas repercussões no homem que lidera uma multidão.

A religião é outra área crítica que atravessa tanto a esfera privada como a esfera pública na vida dos grandes homens. No caso das figuras públicas, faz-se uma distinção entre a fé privada e o seguimento público. A devoção de um homem na sua privacidade pode nem sempre se assemelhar à sua postura pública. As exigências impostas a um líder são factores potenciais para determinar as suas crenças pessoais e a sua exposição e prática. A religião é vista como um caminho para a espiritualidade. O crescimento de um homem em termos da sua relação com um poder superior é um pormenor muito significativo. Um líder possui um grande poder sobre o público. Exerce uma influência considerável sobre aqueles a quem indica o caminho. Ao falar a uma multidão sobre questões de raça, cidadania e igualdade, um líder impõe a sua espiritualidade através das suas filiações religiosas. A religião também é vista como um meio de reforma social. Por exemplo, o movimento negro, a anarquia, etc., encontram-se na convergência e divergência repetidas das esferas pública e privada. A vida de Gandhi é um exemplo deste facto. Para mudar a ordem existente, um líder público pratica a sua religião em grande escala. A submissão a uma autoridade divina influencia a perspetiva de um povo, provocada pela fé privada exercida pelo líder. A religião também pode ser vista como um veículo para o despertar social e para as possibilidades radicais de protestos políticos e para engendrar grandes movimentos políticos. Gandhi provocou um desenvolvimento espiritual e um despertar social sem levar a religião para o caminho da revolução. A religião sai do armário por estas três razões.

A política é um escurecimento progressivo do privado e uma eliminação da vida e do espírito pessoais. Assim, o eu público, em toda a sua grandeza celebratória, é examinado em termos das emoções e sentimentos, das inseguranças e hesitações que são veladas, mas que servem de explicação para certas acções. Um líder na esfera pública projecta um eu diferente do eu que assume na sua privacidade. Este livro procura analisar as autobiografias no seu conteúdo, para identificar essas instâncias de fusão das esferas pública e privada na vida dos dirigentes públicos.

Estes três aspectos mais vitais da vida de um homem ajudam muito a compreender o indivíduo e a sua evolução para uma figura que lidera um movimento pela igualdade de direitos dos seus irmãos negros. A partir de um estudo aprofundado das autobiografias, este discurso tenta compreender o líder na sua totalidade, bem como discernir a natureza da escrita de vida e a sua revelação das distinções entre os espaços público e privado.

CAPÍTULO 2
COMPREENDER O LÍDER COMO UM HOMEM DE FAMÍLIA

O objetivo deste capítulo é examinar as relações dos responsáveis públicos da família. Olhando para eles através deste aspeto das suas vidas, compreende-se melhor o homem enquanto indivíduo. No papel de filho, irmão, marido e pai, o homem visto na plataforma pública é percepcionado de um ângulo diferente e mais pessoal. A Autobiografia *de Malcolm X* (1965), a *Autobiografia de LeRoi Jones* (1997) e a *Autobiografia de Martin Luther King Jr.* (1998), colocadas sob a lente, ajudam a um exame minucioso e a uma análise da vida privada e pública dos líderes do Movimento dos Direitos Civis.

Um homem, como um filho, é um pedaço de barro a ser moldado pelas marcas das pessoas que o criam. Quando o homem é um líder, as mãos que contribuíram para a sua educação são ainda mais importantes. Os textos trabalhados apresentam material potencial para evidenciar o facto de que um filho que cresce para ser líder é muito influenciado na formação de um carácter na posição que mais tarde assume. Como irmão, o homem toma conhecimento de ideias que uma alma afim descobre e das primeiras preocupações de responsabilidade. Um irmão marca a maneira de ver a vida, recorda a infância e cresce para encontrar os seus próprios reflexos um no outro quando adultos. Ao ocupar o lugar de marido, o homem encontra uma companheira com quem partilhar a sua vida e, nesse processo, é testado para medir a força do seu carácter, tanto nos bons como nos maus momentos. Uma vez que a vida de um dirigente público é um fórum aberto a todo o tipo de discussões e acusações motivadas por sentimentos, o homem tem de lidar com as suas inseguranças de pai e protetor de uma família. O estudo das autobiografias aqui apresentadas é uma tentativa de compreender o dirigente público como um homem de família, através das associações que ele alimenta ou, em certos casos, escolhe minar.

1.1 Malcolm X como um filho:

Malcolm X, então Malcolm Little, cresceu com um destino que partilhava com milhões de rapazes da sua raça. O seu pai, um pastor batista, foi linchado e a sua mãe foi internada quando o fardo da vida pesou mais do que ela podia suportar. O pequeno Malcolm e os seus irmãos tiveram de recuperar da experiência traumática em lares onde foram colocados pelas autoridades estatais. A escrita de Malcolm dá-nos a conhecer os seus sentimentos de total consternação, como um filho que assiste impotente à morte lenta da mãe diante dos seus próprios olhos.

Desde cedo, Earl e Louisa Little criaram os filhos num lar que assistiu às discussões banais dos pais e cresceu para compreender as suas diferenças de origens, sem deixar de manter uma família. Num ambiente em que a violência doméstica era um dado adquirido, Malcolm desenvolveu as suas virtudes e vícios ao estilo da velha guarda. Os seus escritos lançam uma boa luz sobre as atitudes dos pais em relação a ele e a forma como influenciaram a formação do seu carácter, a sua compreensão das pessoas e o papel da educação, especialmente na vida de um afro-americano. A autoridade e o conhecimento que dão poder a uma pessoa instruída e o orgulho associado à educação de uma mulher que sabe o seu valor são algumas das coisas que aprendeu com a sua mãe e a forma como a sociedade a tratava por isso:

> ... o meu pai batia-lhe. Talvez tenha a ver com o facto de a minha mãe ter tido uma boa educação. Uma mulher educada, suponho, não resiste à tentação de corrigir um homem inculto. (15-16)

A questão de ser de cor clara foi um fator importante no tratamento que lhe foi dado pelos pais. A velha subserviência à tez branca levou o pai a preferir instintivamente o filho de pele clara. Na atitude da mãe para com ele, podemos ver a batalha de uma rapariga negra que se lembra da violação da mãe pelo facto de ela própria ser de pele clara. Toda a história da escravatura e do domínio dos brancos sobre os negros, a sua resistência e a sua submissão irrevogavelmente enraizada, encontram expressão na descrição dos tempos de infância de Malcolm. Apesar de ser um relato generalizado de toda uma raça de pessoas, é muito revelador do tipo de sentimentos e emoções evocados em cada um dos membros da família Little:

> Na verdade, acredito que, por muito anti-branco que o meu pai fosse, estava subconscientemente tão afetado pela lavagem cerebral dos negros feita pelos brancos que se inclinava a favorecer os mais claros, e eu era o seu filho mais claro. Naquela altura, a maioria dos pais negros tratava instintivamente melhor os filhos mais claros do que os mais escuros. Vinha diretamente da tradição da escravatura que o "mulato", por ser visivelmente mais próximo do branco, era portanto "melhor". (16)

Tendo colocado o homem branco num pedestal, mesmo que no seu subconsciente, Earl Little era parcial no seu afeto pelos filhos. Malcolm procurava o amor do pai e, naturalmente, como um filho que respeita o homem da sua vida, o rapazinho ficou entusiasmado por ter sido escolhido.

O facto de as tensões raciais terem contribuído para a sua vitória sobre os irmãos para o lugar de filho preferido do pai teria passado despercebido se não fosse a mãe. Malcolm estava em vantagem no caso do pai e em desvantagem, pela mesma razão, no caso da mãe. É óbvio que ele ficaria magoado com as agressões irreflectidas que a mãe lhe dava. Mas Malcolm parece ser um rapaz maduro e compreensivo na sua capacidade de ver a razão por detrás da parcialidade da mãe. Também reconhece o papel da mãe em manter os seus pés no chão, apesar da preferência pouco saudável do pai. Na sua escrita, apercebe-se de que o seu irmão mais velho, Wilfred, ganhou a aprovação da mãe por ser de pele negra, mas Malcolm não retalia nem resiste aos receios dela por ele ser mais claro do que os outros:

> Pensando nisso agora, tenho a certeza de que, tal como o meu pai me favorecia por ser mais clara do que os outros filhos, a minha mãe me infernizava mais pela mesma razão: ela própria era muito clara, mas favorecia os mais escuros... Esforçava-se por nunca me deixar ficar com um sentimento de superioridade de cor. Tenho a certeza de que me tratava assim em parte devido ao facto de ela própria ser clara. (1718)

Depois de o pai ser morto e de o fardo do sustento da família recair sobre os ombros de Louisa Little, ela é assediada pelos problemas que uma mulher negra enfrenta numa sociedade branca. O facto de ter sido posta no desemprego pelo facto de ser negra fere a sensibilidade desta mulher emocionalmente frágil. Ela não conseguia fazer face às despesas e também não conseguia lidar com a pena dos vizinhos. A constatação de que os seus filhos não têm o suficiente para comer era uma preocupação que lhe corroía o orgulho. Malcolm era uma criança que amava tanto a mãe que, quando o orgulho dela era ferido, o dele também era. Faltar às refeições e ser gozado pelas crianças da vizinhança por não ter dinheiro para comer não era tão importante como o facto de a mãe estar a sofrer por causa disso. Ele era apegado à mãe e isso é evidente na sua incapacidade de a ver sofrer:

> A minha mãe era, acima de tudo, uma mulher orgulhosa, e o facto de estar a aceitar a caridade era algo que lhe custava. E os seus sentimentos eram-nos transmitidos. Mais tarde, compreendi que a minha mãe estava a fazer um esforço desesperado para preservar o seu orgulho - e o nosso - e que o orgulho era praticamente tudo o que tínhamos para preservar, pois em 1934 começámos a sofrer verdadeiramente. (20-21)

À medida que a orgulhosa mãe se ia apercebendo de que era incapaz de sustentar a família e de que as pessoas de fora e as autoridades estatais podiam ditar as suas acções, passou de furiosa a frustrada e a um estado de desequilíbrio mental. Perdeu a concentração e, gradualmente, começou a negligenciar as tarefas domésticas, que acabaram por ser assumidas pelos filhos. Em tudo isto, Malcolm passou por uma fase que lhe retirou a fé que tinha em si próprio. As características de uma personalidade delinquente enraizaram-se no rapaz que não conseguiu evitar que a força de carvalho da sua mãe se partisse e cedesse à tempestade da vida. As palavras de Malcolm contam-nos a história de um filho que não tem outra alternativa senão assistir, impotente, ao desmoronamento da mãe. Os sentimentos feridos de um rapaz na adolescência podem ser extremamente penosos para si próprio e para a sociedade que o rodeia e com a qual está em contacto. A parte em que ele a visita no manicómio de Kalamazoo com Ella, a sua meia-irmã de Boston, mostra claramente as esperanças da família de que a mãe rejuvenesça e a subsequente constatação de que a perderam para sempre. A sua escrita mostra-nos o sofrimento de um filho que vê a sua mãe morrer lentamente:

> Nós, crianças, vimos a nossa âncora a dar corda. Não consigo descrever o que senti. A mulher que me tinha trazido para a palavra, e que cuidou de mim, e me aconselhou, e me castigou, e me amou, não me conhecia. Era como se eu estivesse a tentar subir a encosta de um monte de penas. Eu olhava para ela. Ouvia a sua "conversa". Mas não havia nada que eu pudesse fazer. (26)

O filho problemático consegue finalmente libertar a mãe da prisão e colocá-la ao cuidado de Philbert e da sua família em Lansing.

1.2 Malcolm X como um irmão:

Malcolm, como irmão, era um rapaz que tinha consciência da sua responsabilidade e estava grato por isso. Admirava e inspirava-se no seu irmão mais velho, Wilfred, e na sua irmã mais velha, Hilda, que tomaram conta da família quando a mãe deles se desmoronou. Philbert era mais um companheiro de brincadeiras do que qualquer outra coisa e os mais novos eram tratados pelos mais velhos. Reginald era o único de quem era particularmente próximo. Como o irmão que Reginald admirava, Malcolm alcançou um novo estatuto de herói que os rapazes da sua idade ansiavam. O sentimento de ser a inspiração para um irmão mais novo é universalmente identificável:

> O Reginald ficou debaixo da minha asa. Desde que tinha ultrapassado a fase de bebé, eu e ele tornámo-nos muito próximos. Suponho que me agradava o facto de ele ser o pequenino, abaixo de mim, que me admirava. (20)

Sendo venerado por um irmão mais novo, Malcolm era possessivo quanto ao seu lugar na vida de Reginald e não queria partilhar a glória de ser o irmão mais velho idolatrado com ninguém. Quando Philbert ganha reconhecimento na arena do boxe, Malcolm tenta também dar uma oportunidade. Como o boxe estava na moda depois de Joe Louis ter derrotado James J. Braddock e se ter tornado o campeão do mundo de pesos pesados, Malcolm pensou que era a única forma de manter a devoção de Reginald. No entanto, não conseguiu nada. Pelo contrário, perdeu o respeito de que tanto dependia.

Talvez sem me aperceber, fiquei secretamente invejoso; por um lado, sei que não pude deixar de ver alguma da admiração que o meu irmão mais novo, Reginald, nutria por mim ao longo da vida a ser desviada para o Philbert. (26)

Malcolm encontrou um lar na sua irmã adotiva Ella Collins. Tendo perdido os pais e um lar estável, fisicamente afastado dos irmãos, a sua nova família foi-lhe útil numa altura de caos e confusão.

A atitude invulgar de Ella, que não se desculpava e não se lamentava por ser negra, serviu de inspiração para o jovem e impressionável Malcolm. Ele ficou impressionado com a forma como Ella se portava e com os seus feitos. Vindo de Lansing, onde ser negro parecia ser uma maldição, tendo sido criado numa casa onde a cor da sua pele afectava muitas coisas e onde a sua pele clara conquistava o pai e perturbava a mãe, Malcolm viu uma nova forma de vida na casa de Ella. A sua confiança em si própria, a sua vida respeitável e a sua natureza amorosa inspiraram Malcolm a começar de novo:

> Penso que o maior impacto da chegada de Ella, pelo menos para mim, foi o facto de ela ser a primeira mulher negra realmente orgulhosa que vi na minha vida. Ela orgulhava-se claramente da sua pele muito escura. Isto era inédito entre os negros naquela altura, especialmente em Lansing... Nunca tinha ficado tão impressionado com ninguém. (32)

O facto de Ella conseguir preparar uma refeição saudável e alimentá-lo adequadamente pode ser visto como a satisfação da necessidade de uma mãe na vida de Malcolm. Louisa Little tinha degenerado num doente de um asilo, deixando as crianças entregues a si próprias. Na cozinha de Ella, Malcolm encontrou a sensação de segurança e paz que uma mãe proporciona aos seus filhos. O seu sentimento de gratidão para com ela durou uma vida inteira.

Mesmo mais tarde na vida, quando era um homem de família estável que trabalhava por aquilo em que acreditava, mesmo quando era famoso como líder público, Malcolm pedia ajuda a Ella:

> Apanhei um avião para Boston. Estava a voltar-me novamente para a minha irmã Ella. Apesar de, por vezes, eu ter deixado Ella zangada comigo, por detrás de tudo, desde que eu tinha ido ter com ela como um adolescente do Michigan, Ella nunca se afastou do meu lado.
>
> "Ella", disse eu, "quero fazer a peregrinação a Meca".
>
> A Ella disse: "De quanto é que precisas?" (200)

Este apoio constante e a lealdade inabalável de um irmão contribuíram muito para a construção do seu carácter de pessoa verdadeira e justa.

1.3 Malcolm X como marido:

Malcolm afirma repetidamente a distância que manteve com as mulheres da sua vida depois de aderir à Nação do Islão. A sua absoluta falta de interesse pelas mulheres em geral é sublinhada mais do que uma vez, o que pode levar-nos a ser um pouco cínicos quanto à aceitação deste facto pelo seu valor facial. A insistência na sua retidão e na sua devoção sem limites a uma "causa superior" parece ter tons de cinzento. A vida anterior de promiscuidade hedonista a que se entregou pode ter deixado alguns vestígios no homem que tenta abandonar o antigo estilo de vida por um muçulmano devoto, ou pode também tê-lo levado ao extremo oposto de fugir a qualquer assunto relacionado com as mulheres. Os conceitos de "amor" e "luxúria" são claramente diferenciados. Justifica também a sua decisão de casar com a irmã Betty X com numerosas razões práticas, como a necessidade de uma esposa, o facto de a sua idade e altura serem complementares e a sua igual devoção à causa que o ocupa.

Embora diga que ama a mulher, não se nota qualquer preocupação efectiva com ela. Na sua agenda extremamente ocupada enquanto trabalha para a Nação do Islão, não encontra tempo para ver a sua própria mulher. Em comparação, Martin Luther King Jr. parece ser um marido mais sensível. Mesmo nos seus dias atarefados, King arranja tempo para enviar um telegrama ou uma carta a Coretta e é nestes pequenos gestos que encontramos um homem de família que cumpre os seus deveres tanto em casa como na esfera pública.

> Se tenho trabalho para fazer quando estou em casa, no pouco tempo que estou em casa, ela deixa-me ter o sossego de que preciso para trabalhar. Raramente estou em casa mais de metade de uma semana; já estive fora durante cinco meses. (149)

Malcolm aprecia a natureza pouco exigente de Betty, que o deixa tratar dos seus negócios sem ter de se preocupar com a família. No entanto, em todo este trabalho excecional que ele faz e no bom funcionamento de uma família que Betty gere sozinha, há sentimentos e emoções que não recebem o devido reconhecimento. Por exemplo, ele elogia o esforço de Betty em juntar as palavras para se exprimir de forma bela, quando ela poderia ter procurado dar-lhe a conhecer a sua necessidade de ter o marido em casa.

"Estás presente quando estás ausente." (149) diz muito mais do que ele quer imaginar.

Ao ser a esposa compreensiva, dando-lhe obedientemente o espaço para trabalhar, Betty X parece ter perdido o direito de ter o marido em casa. Em nenhuma parte da *Autobiografia* vemos qualquer exemplo de que ele esteja presente para a sua mulher. Aprecia repetidamente o seu bom senso e a sua natureza compreensiva, o que leva a questionar se o impõe a ela através de declarações públicas sobre os seus esforços. A sua falta de interesse em perseguir mulheres também sugere uma certa leviandade que ele cria para a sua própria imagem. Assim, ao ganhar vantagem, parece exercer controlo e domínio sobre a mulher, que quase não tem voz nos seus escritos. Se ele se preocupava com o que ela sentia, isso não é muito transparente no texto.

1.4 Malcolm X como pai:

Sendo pai de quatro raparigas, Attallah, Qubilah, Yasah e Amilah, Malcolm X pode ser visto como protetor e possessivo ao não mencionar o nome delas. Não fala verdadeiramente delas, nem das suas experiências de paternidade e das pessoas que as suas filhas se tornaram. Na sua escrita, dificilmente encontramos o papel delas na sua vida. Exceptuando os nomes que lhes são dados com muito significado, as filhas são mantidas fora de qualquer discussão. Attallah recebeu o nome de Attilah, o huno que saqueou Roma. Qubilah foi baptizada em homenagem a Qubilah Khan; Yasah em homenagem a Elijah Muhammad (uma vez que Ilyas é o nome árabe de Elijah). O amor e o respeito de Malcolm pelo líder da Nação do Islão são realçados neste ato de dar o seu nome a uma filha.

É a sua filha Attallah que escreve o Prefácio da *Autobiografia*. Escreve sobre a sua mãe, que morreu antes de a imagem de Malcolm X poder ser exibida no selo postal dos EUA:

> "Quando me apercebi pela primeira vez que a minha mãe não estaria presente para testemunhar a revelação da imagem do seu marido num selo postal dos Estados Unidos, depois de ter participado nas discussões iniciais, uma lágrima solitária começou a escorrer-me pela face. Mas depois apercebi-me de que ela não estava a perder a ocasião. De facto, ela tinha o melhor lugar da casa. Ela está agora onde desejava estar. Ao lado do marido... Como o mais velho deles, eu me comprometi repetidamente a cuidar de suas filhas, minha irmã mais nova, em sua memória, em sua honra e com sua orientação celestial." (10)

As filhas gémeas Malaak e Malaikah nasceram após a sua morte e, por isso, não são mencionadas na *Autobiografia*. Como se vê, receberam o nome do pai.

2.1 LeRoi Jones como filho:

Com um aspeto físico semelhante ao do pai e com muito orgulho nesse facto, LeRoi Jones foi um filho que cresceu num mundo só seu. Sentia um enorme prazer quando as pessoas o identificavam como a cara chapada do seu pai. Baixo e magro como o pai, herdou também os "grandes olhos bulbosos" do pai que se destacavam como um "contraste risonho". Mas ficou absolutamente impressionado por ser reconhecido como o filho sósia do seu pai. Os laços entre o pai e o filho tornaram-se mais fortes com coisas tão pequenas como o interesse comum pelo desporto e as idas juntas a lugares e as repetidas exclamações das pessoas sobre o "milagre" da natureza:

> Um dos centros emocionais da minha vida anterior era a minha relação especial com o meu pai. Havia uma grandeza especial em ir a um sítio com o meu pai e ser identificado como tal por toda a gente que dizia "és igual ao teu pai". Mas a sensação mais especial era quando o meu pai me levava ao Estádio Ruppert, aos domingos, para ver os Newark Eagles, a equipa profissional negra. Poucas coisas na minha vida foram tão intensas (em antecipação e recompensa) para mim como isso. (42)

Com pais que cuidavam dos filhos, LeRoi Jones tinha um lar confortável onde cresceu sentindo-se seguro e protegido. No entanto, o convívio com os rapazes do seu bairro levou-o a uma vida de actividades pouco honrosas, o que pode ser suficiente para pôr em causa o ambiente em casa. Descritos como os "padrões" com base nos quais ele se conduzia, os pais terão tido um papel importante no facto de ele se ter tornado, durante algum tempo, o criminoso juvenil que foi.

> Eu estava seguro em quase todos os aspectos. Conhecia o meu pai e a minha mãe e relacionava-me com eles de todas as formas que me lembro. Eles eram os definidores do meu mundo. Os meus guias. Os meus padrões. (3)

Quando foi denunciado pelo amigo que foi apanhado em flagrante a roubar, os pais de Jones foram com ele à esquadra da polícia e ouviram o agente branco. O facto de os pais terem assistido a esta provação com o filho é revelador da proximidade da família. LeRoi, sendo uma pessoa sem rodeios, prefere falar de forma direta e franca e a garantia sensível e formal do pai de que o apoiariam perante a acusação confundiu-o. Prefere a linguagem direta da mãe, que lhe dá a palavra. Ele prefere a desaprovação direta da mãe e a sua habitual pancada na cabeça, que sugere claramente uma reprovação.

Na primeira vez que saiu de casa para viver sozinho, os pais mostraram o seu amor e preocupação, levando-o até lá e ajudando-o a instalar a sua nova casa. A mãe, sendo a mulher protetora que era, não aprovou as condições difíceis a que ele teria de se adaptar e ficou com os olhos cheios de lágrimas. O pai, sabendo que era inútil convencê-lo a desistir, tentou aliviar a situação. No entanto, em tudo isto, os pais sentiam-se impotentes, enquanto o filho estava frustrado com a vida fácil que lhe tinha sido proporcionada. Na sua determinação de fazer a sua própria vida, tanto os pais como o filho sacrificam a paz da vida fácil e lutam por um futuro melhor.

> Vi os olhos da minha mãe a ficarem enevoados. Parecia magoada. O meu pai continuava a

dizer que era melhor eu comprar mobília... Mas a minha mãe mal conseguia ver ou falar. Limitava-se a resmungar sobre o sítio e sobre o que pensava que o futuro lhe reservava. (182)

Enquanto neto, LeRoi Jones era amado pela sua avó materna. Ficava muito impressionado com a forma como ela personificava a bondade e isso inspirava-o a fazer o bem. Criados sobretudo por ela, os filhos encontravam automaticamente mais calor no seio de uma avó do que em qualquer outro lugar. A morte dela fez com que Jones acreditasse no conceito cristão de céu e inferno e ele esperava que ela ainda vivesse num céu porque o merecia depois de uma vida passada a fazer o bem.

Gostava tanto da minha avó porque ela era boa. Se é que isso tinha algum significado no mundo. Ela dizia-nos: "Faz aos outros o que queres que te façam a ti", e sabíamos que era nisso que ela acreditava e que era isso que praticava. (20)

Jones também foi motivado a desenvolver as suas capacidades de escrita pela sua avó, que pregava que "a prática leva à perfeição". Jones recorda com carinho os princípios da sua avó que inculcou em si próprio, atribuindo-lhe o mérito da realização do seu sonho de escrever bem. Reconhece a sua contribuição para o produto final da publicação de um livro e sente-se desanimado por não lhe poder dar a felicidade de ver o seu sucesso enquanto ela estava viva.

Mais tarde na sua vida, quando se casa e se divorcia de Nellie, atribui a culpa do seu nome manchado à mulher e afasta-se também dos pais. Diz também que eles foram alimentados com noções erradas do seu carácter e que desaprovam o seu novo casamento com Sylvia. Ao negar os seus desejos, consciente da sua óbvia objeção, Baraka parece, de facto, fugir aos deveres de um filho.

2.2 LeRoi Jones como irmão:

O primeiro companheiro de brincadeira de um rapaz é o seu irmão, a sua irmã. LeRoi Jones tinha uma parceira perfeita no crime, uma concorrente e uma protetora de confiança que o protegia como uma águia, Sondra Lee Jones, mais tarde conhecida como Kimako Baraka.

Na sua escrita, é evidente que ela foi a sua única companheira constante em criança. Corriam juntos no armazém enquanto a avó levava comida para o avô, perseguiam-se uns aos outros, subiam para cima das máquinas, jogavam jogos de guerra e de heróis e cuidavam um do outro enquanto brincavam com os outros. Ela era também a pessoa que estabelecia padrões de referência para o irmão e, por isso, ao ganhar a corrida contra ela, ele superava-se. O facto de estarem a crescer e a tornar-se um homem e uma mulher é também algo que LeRoi compreende ao observar as mudanças físicas da irmã:

A minha irmã, uma maria-rapaz, seguia o meu rasto. Estava sempre a olhar por cima do ombro quando escalava outra vedação, quando nos decidíamos a tentar "esquivar-nos" dela. Eu ficava furiosa quando não conseguíamos e ela ficava furiosa quando conseguíamos. Sei que tínhamos começado a envelhecer quando eu comecei a conseguir ganhar-lhe a corrida, acho que devido ao peso acrescido das ancas e dos seios... A minha primeira tarefa, segundo me pareceu, em The Secret Seven era ver se eu não me afastava demasiado. (24)

Mais tarde, enquanto dirigente público, era um alvo potencial para o ódio de muitos e ficou destroçado por não ter conseguido salvar a sua irmã. Um dos elogios que faz em *Eulogies* é para Kimako, assassinada em 1984 por um doente mental que ela tentara ajudar. Baraka começou por dizer: "O fracasso de todos nós aqui é espantoso! Eu, particularmente, por ter deixado a minha própria irmã, a minha única irmã de sangue, morrer, numa violência brutal. Na morgue, o meu pai cambaleou para trás e um grito saiu-lhe dos lábios." Baraka terminou: "Jesus Cristo. A minha irmã não .....Oh Não!!!"

2.3 LeRoi Jones como marido:

Jones casou-se duas vezes. Primeiro com uma mulher branca chamada Hettie Cohen, que é referida na sua *autobiografia* como Nellie, com quem casou quase num estupor confuso e com quem teve duas filhas. Deixou esta mulher depois de alguns casos extraconjugais que ambos tiveram durante o casamento. Embora ele tivesse trabalhado para isso e até admitisse ter sentido uma verdadeira ligação que o levou a decidir-se pelo casamento, era consideravelmente muito fácil trair o cônjuge quando se estava a atravessar uma fase difícil. Os habituais jogos de culpas não foram exceção e ele chegou ao ponto de tentar esmagar o homem com quem a encontrou, depois de a ter arrastado para casa e de lhe ter batido várias vezes. Isto aconteceu quando ele também andava com Lucia DiBella, uma ultra-poundiana quando a conheceu e mais tarde co editora com ele de *The Fleeting Bear*. Com o abandono de Nellie, a sua primeira revista, *Zazen,* também terminou durante algum tempo; mais tarde, volta para ela e retoma a revista. Pede às suas mulheres que abortem os filhos que lhes dá dos seus muitos casos. Em tudo isto, parece haver um desprezo geral pela vida e pelos sentimentos humanos. Ele tende a não dar valor aos sentimentos das mulheres com quem brinca, tanto física como emocionalmente. Há uma longa lista de mulheres que ele persegue e consegue conquistar. Influenciado pelo nacionalismo cultural iorubá, também sugeriu a poligamia quando tinha duas mulheres agarradas a ele. Jones deixou Nellie num acesso de culpa racial e formou o Black Arts Repertory Theatre no Harlem em 1965. Parece haver uma tendência para atribuir a culpa das coisas que correm mal a outras pessoas. O fracasso do primeiro casamento é amplamente justificado e parece ter sido arruinado pela mulher. No entanto, o seu papel nas diferenças não tem qualquer espaço.

O segundo casamento de Jones foi com uma mulher negra chamada Sylvia Robinson (mudado para Wilson na sua *Autobiografia*). Mais tarde, quando Jones se converteu ao Islão e adoptou o nome de Amiri Baraka, ela também passou a chamar-se Amina Baraka. Este foi um casamento que começou com uma paixão e passou a correr sobre as rodas do nacionalismo e da organização. Amiri diz nos seus escritos que deixou de perseguir todas as mulheres atraentes que encontrava e que, em vez disso, se concentrou em amar a única mulher que tencionava manter. Apercebe-se de que a sua relação ganhou força através do próprio adversário que a tinha ameaçado. Ao discordarem e debaterem, ao lutarem para manterem as suas crenças e compreenderem as do outro, ao lutarem juntos contra o mundo e ao protegerem os interesses um do outro, alimentaram um laço que só cresceu e se tornou um casamento e uma amizade mais maduros.

Amiri desempenha melhor os deveres de marido neste casamento, na medida em que é mais sensível aos sentimentos da mulher e, quando não o é, pelo menos reconhece a sua parte, ao contrário do que acontecia no seu primeiro casamento com Nellie:

> Teve frequentemente de lutar comigo para tomar posições pelas quais as pessoas depois aplaudem apenas a mim. Teve também de suportar ataques de pessoas que me querem atacar e que a vêem como o ponto mais acessível para lançar esse ataque. Demasiadas vezes, tenho sido tão egocêntrico que não a tenho ajudado quando devia. Obstruído por outros, poderia ficar amuado com ela. Apaixonado por muitos, nem sempre fui tão atento e carinhoso quanto poderia. Viajando a toda a hora, esquecer-me-ia de que ela poderia estar só. Envolvido numa luta constante, poderia ocasionalmente esquecer-me de ser terno. (425)

Como comunistas, tanto Amiri como Amina tinham um constante choque de opiniões que eram basicamente ideológicas e tratavam da luta de classes. Estas polémicas surgiam e desapareciam como os desentendimentos entre qualquer casal comum. No entanto, em certas situações, quando se encontravam em fóruns públicos para enunciar as suas diferenças de opinião, Amiri ficava magoado e chegava a comparar o seu casamento com as batalhas políticas:

> Senti que estava a ser menosprezado, na medida em que tinha passado a minha vida adulta em actividades intelectuais e, na última década, numa luta claramente política, embora num contexto principalmente literário e artístico. E agora isso estava a ser desvalorizado por alguém que dizia gostar de mim. (xx)

No entanto, na introdução à sua *autobiografia*, Baraka afirma que foi o amor que os manteve unidos. A resistência do seu casamento às suas próprias contradições, bem como aos desígnios das forças exteriores, serve de "confirmação visível" de que deve ter sido o amor a fechar a tampa de outro fracasso.

2.4 LeRoi Jones como pai:

Kellie, a sua primeira filha com uma mulher branca, Nellie, presenteou Jones com a paternidade aos vinte e quatro anos e meio de idade. Dois anos mais tarde, em 1961, nasceu a sua segunda filha, Lisa, enquanto se mudavam para East 14th Street. Quando Jones tenta deixar a sua família "branca", por se sentir culpado de estar associado aos brancos quando se tinha tornado obcecado pelo nacionalismo negro, Kellie impede-o de o fazer, dizendo-lhe que não podia partir. Sem dar ouvidos, ele parte na mesma. Mais tarde, menciona que os vê aos fins-de-semana "quando posso". Cresceram na aldeia e ele afirma que a mãe os utilizou como elos de ligação com os seus pais, fazendo-os simpatizar com ela e desaprovar as suas novas mulheres. Isto irritou-o e ele quis queimar todas as pontes e começar de novo com Sylvia, mesmo quando duas filhas pequenas dependiam dele.

Amiri Baraka é pai de cinco filhos durante o seu segundo casamento. Obalaji Malik Ali, RasJua Al Azia, Shani Isis Makeda, Amiri Seku Musa e AhiMwenge. Ao dar-lhes nomes, reflectiu bastante e, ao dar o nome de Ras, afirma ter ficado acordado toda a noite à procura de um nome apropriado. Ficou satisfeito com Ras, que significa "o sábio" ou "sabedoria" e, mais atualmente, "presidente" ou "líder".

Teve um caso extraconjugal com Diane di Prima (Lucia DiBella na sua *Autobiografia*) durante vários anos; a sua filha, Dominique di Prima, nasceu em junho de 1962 e foi cuidada por outro homem com quem Diane se juntou mais tarde.

3.1 Martin Luther King Jr. como um filho:

Ao crescer na família dos Kings, Martin Luther King Jr. era uma criança protegida. Foi protegido das questões raciais durante algum tempo, embora isso não tenha durado muito tempo. Martin Sr. era o disciplinador mais rigoroso, enquanto a delicadeza da sua mulher equilibrava facilmente a mão dura do pai. A relação entre eles, que quase não mostrou um dia de diferença aos filhos, influenciou as personalidades sombrias, sérias e desinteressadas das personagens que criaram. Uma das coisas mais importantes que fizeram na educação dos filhos foi o facto de Martin Luther King Sr. e Alberta Williams King terem sempre sublinhado a sua opinião definitiva sobre a segregação e a desigualdade racial que afectava todos os americanos. A forte denúncia de qualquer forma de injustiça contra os negros incutiu no jovem Martin o espírito de luta pelo seu direito à igualdade. Enquanto filho, recebeu este sentido de consciência dedicada das atitudes dos seus corajosos pais:

> ... pegou em mim pela mão e saiu da loja... Essa experiência revelou-me, desde muito cedo,
> que o meu pai não se tinha adaptado ao sistema e teve um papel importante na formação da
> minha consciência. Ainda me lembro de descer a rua ao lado dele, enquanto ele murmurava:
> "Não me interessa quanto tempo tenho de viver com este sistema, nunca o aceitarei."(13)

Martin Luther King era um neto apegado. Tendo sido criado também pela avó, instintivamente passava mais tempo com ela e começou a depender dela, pelo que, com a sua morte, sentiu-se traído. Como um neto amado que se separa de uma avó amorosa, o jovem Martin começou a pensar na vida depois da morte e nas possibilidades de a sua avó viver.

> Os meus pais tentaram explicar-me o que se passava e garantiram-me que, de alguma forma,
> a minha avó ainda vivia. Acho que é por isso que hoje acredito tanto na imortalidade pessoal.
> (32)

Martin foi cuidadosamente protegido pela família de qualquer tipo de conflito racial ou de inferioridade racial. Os pais rodearam-no de positividade e dos valores da igualdade, da justiça e, acima de tudo, da compaixão. Foi obviamente um grande choque quando o jovem negro descobriu que o mundo não gostava dele por causa da sua cor de pele. O episódio do seu companheiro de infância é um incidente marcante que, provavelmente, reflecte os sentimentos de milhares de jovens rapazes negros da sua idade, cruelmente chocados com a realidade. O rapaz branco era o seu companheiro desde os três anos de idade. Não vivia ali, mas o seu pai tinha uma loja no bairro e o rapaz andava por ali a brincar com Martin. Aos seis anos de idade, ambos entraram em escolas diferentes e assim começou a perder-se a amizade. Isto levou o pequeno rapaz negro magoado a refletir sobre a realidade e a forma como os costumes do mundo entravam em conflito com a pregação cristã do seu pai:

> Os meus pais diziam-me sempre que eu não devia odiar o homem branco, mas que era meu
> dever, como cristão, amá-lo. A questão surgiu na minha cabeça: Como é que eu podia amar
> uma raça de pessoas que me odiava e que tinha sido responsável pela minha separação de um
> dos meus melhores amigos de infância? (34)

Enquanto um homem que travava uma batalha pela liberdade, um homem casado e com toda uma raça a ser liderada por ele, o pai de King continuava a vigiá-lo. Este aspeto da autobiografia, que analisa o contributo dos pais para a sua vida, é interessante. É claro que é verdade que, para um pai, um filho será sempre uma criança, independentemente da idade que tenha. É também animador encontrar uma família tão unida nos tempos de distúrbios raciais em que Malcolm X e LeRoi Jones tinham sido quase afastados da família.

Apesar de ser um empreendimento autobiográfico, os relatos da sua vida são pouco expressivos sobre a sua vida privada. O editor Clayborne Carson afirma que "King nunca foi tagarela em relação à sua vida privada e é pouco provável que tenha escolhido a sua autobiografia como uma oportunidade para revelar pormenores íntimos da sua vida". A contribuição da família na sua vida é mencionada de forma mínima e é vista como sendo revelada de forma selectiva. Carson diz no seu prefácio:

> "Embora King reconheça frequentemente a centralidade da sua mulher, Coretta Scott King, na sua vida pública e privada, os documentos existentes raramente referem o grau de participação dela em actividades de protesto e outros eventos públicos. Do mesmo modo, os laços estreitos de King com os pais, os filhos, a irmã Christine King Farris e o irmão A. D. King não estão suficientemente reflectidos nos seus documentos, apesar de estes familiares terem desempenhado papéis cruciais na sua vida." (4)

A menção repetida de tais incidentes, que retratam os pais como pessoas que só o ajudaram na vida, em vez de os apresentar de forma negativa, também pode ser vista como uma recordação carinhosa de um filho dedicado à família amada. As suas preocupações com os pais, ainda que não explícitas, podem ser lidas como sinais de um filho que está consciente dos sentimentos e emoções que os pais estão a viver. Estava, assim, a cumprir os deveres de um filho sem ser demasiado ruidoso. Em tempos de segregação e de luta pela liberdade, eis um filho capaz de se agarrar aos valores familiares.

Atribuindo aos pais o mérito de o terem educado para ser o homem que era, os escritos de King sobre a sua família revelavam sobretudo a sua gratidão e humildade. Filho cristão de um ministro batista e de uma mãe professora, Martin era um seguidor devoto e convicto das palavras da sua mãe desde criança. As cartas que escrevia regularmente à mãe na faculdade comprovam esse facto. Cresceu a compreender as diferenças raciais e a combater o mundo abusivo. E ao decidir seguir o curso natural de ação para liderar a comunidade na sua luta contra a segregação e a opressão, King fez com que os seus pais passassem por muitas preocupações que ele lamenta ter causado. No entanto, aprecia a sua preocupação constante e a sua auto-pacificação em prol das decisões do filho.

> O meu pai, tão destemido consigo próprio, estava sempre preocupado comigo e com a minha família. Participou muitas vezes nos nossos conselhos e nunca mostrou qualquer dúvida sobre a justiça das nossas acções. No entanto, este homem austero e corajoso chegou a um ponto em que mal podia falar do protesto sem chorar. A minha mãe também tinha sofrido. Como todos os pais, temia pelo seu filho e pela sua família. Depois do bombardeamento, teve de ir para a cama por ordem do médico e, mais tarde, ficou muitas vezes doente. Durante este

período, acumulei contas telefónicas de longa distância para telefonar entre

Atlanta e Montgomery - sabendo que, se a minha mãe pudesse ouvir a minha voz ao telefone, ficaria temporariamente consolada. (87)

As tentativas incessantes de chamar a atenção do filho, que corria o risco de perder a vida na luta contra a segregação, e a preocupação constante com o seu bem-estar e o da sua jovem família, deixavam os pais nervosos. Naturalmente, como mãe e como pai, tentavam persuadi-lo a não correr riscos graves. Por outro lado, tratando-se da reanimação de toda uma raça que dependia dos "ombros do seu menino", o homem e a mulher negros não podiam deixar de encorajar o trabalho do seu filho. Sem nunca duvidar das capacidades do líder que há nele, o evidente dilema parental de deixar o filho fazer sacrifícios tão grandes em nome do bem-estar de gerações de negros americanos contribui em muito para fazer do rapaz um homem mais compreensivo e paciente.

3.2 Martin Luther King Jr. como um irmão:

O jovem Martin tinha uma irmã mais velha, Willie Christine, e um irmão mais novo, Alfred Daniel Williams King. Os filhos de Martin King cresceram num ambiente seguro e carinhoso. Isto permitiu-lhes lutar pela excelência em todos os domínios. Tendo sido criados num lar seguro e feliz, aprenderam facilmente as virtudes do trabalho árduo, da honestidade e da competição saudável. Inspiravam-se uns aos outros para se esforçarem mais e fazerem melhor. Mesmo em matéria de responsabilidades religiosas, Martin refere que teve a ajuda da sua irmã para ser instigado a ir em frente e assumir os deveres da igreja:

> A minha irmã foi a primeira a juntar-se à igreja nessa manhã e, depois de a ver juntar-se, decidi que não a deixaria passar à minha frente, por isso fui a próxima. Nunca tinha pensado nisso, e mesmo na altura do meu batismo não tinha conhecimento do que estava a acontecer. Por isso, parece claro que entrei para a Igreja não por uma convicção dinâmica, mas por um desejo infantil de acompanhar a minha irmã. (24)

Ao atribuir à sua irmã o crédito por um acontecimento tão importante para a sua vida religiosa, King mostra os traços de um homem que aceita honestamente o contributo de um irmão. O amor que lhes tinha nutriu-o até se tornar um líder que considerava todos os homens iguais.

3.3 Martin Luther King Jr. como marido:

Em regra, o seu papel de marido encontra também uma expressão indireta nas contribuições da sua mulher Coretta Scott King. Marido carinhoso e preocupado, King fala das vezes em que beneficiou do facto de ter casado com uma mulher que o apoiou em todos os assuntos. Na sua agenda atarefada, arranja tempo para lhe escrever uma carta ou um telegrama para a informar do seu trabalho, do livro que está a ler, da poesia que ela lhe inspira e de todos os pormenores que os amantes trocam. Em contraste com a relação entre Malcolm X e Betty X, esta serve como um casamento mais sensível e afetuoso.

No entanto, podemos questionar o facto de a contribuição de Coretta para os movimentos de protesto, que foram parte integrante de todas as suas vidas, raramente ser reconhecida. Embora ele expresse gratidão por ter ao seu lado uma mulher tão compreensiva e elogiosa, não reconhece a participação ativa dela na luta política a que ambos dedicaram as suas vidas.

> A minha dedicada esposa tem sido uma fonte constante de consolação para mim em todas as dificuldades. No meio das experiências mais trágicas, ela nunca entrou em pânico ou ficou demasiado emotiva. Acabei por perceber o verdadeiro significado desta afirmação banal: uma mulher pode fazer ou desfazer um marido. A minha mulher foi sempre mais forte do que eu durante a luta. Embora ela tivesse certos medos e ansiedades naturais em relação ao meu bem-estar, nunca permitiu que eles impedissem a minha participação ativa no movimento. (136)

Elogiando sempre os seus esforços como esposa, King parece também estar a corrigir-se por ter permitido que Coretta fizesse mais pelo casamento do que ele próprio poderia fazer:

> Corrie provou ser esse tipo de esposa com qualidades para fazer um marido quando ele poderia ter sido tão facilmente quebrado... se eu não tivesse tido uma esposa com a fortaleza, a força e a calma de Corrie, não poderia ter resistido às provações e tensões que rodearam o movimento. Ela viu a grandeza do movimento e teve uma vontade única de se sacrificar pela sua continuação. Se fiz alguma coisa nesta luta, foi porque tive atrás de mim e ao meu lado uma companheira dedicada, compreensiva, dedicada e paciente, na pessoa da minha mulher. (137)

King reconhece o apoio e o encorajamento incondicional da sua mulher para que ele assumisse as responsabilidades que a luta lhe exigia. Ele compreende que, como esposa, ela quereria reclamar o seu tempo para a família e está grato por ela sacrificar as suas necessidades em prol do objetivo maior que ele está a servir. Ao receber a responsabilidade do cargo de presidente da Associação de Melhoramentos de Montgomery, que se formou depois de ter recusado a presidência da NAACP, King fala da forma como a sua mulher o confortou e dissipou as suas dúvidas:

> Não precisou que lhe dissessem que agora teríamos ainda menos tempo juntos, e parecia não estar perturbada com o possível perigo para todos nós na minha nova posição. "Sabes", disse

ela calmamente, "que faças o que fizeres, tens o meu apoio". (138)

King está espantado e grato pela paciência que a sua mulher teve ao lidar com o marido que teve de ir trabalhar a meio de uma refeição, deixando a mesa à espera e a comida a arrefecer. Sem uma única queixa, ela domina o aborrecimento de uma mulher por os seus cozinhados se estragarem. Por isso e pela sua atitude calma em tudo o que fazia, King encontrava apoio. Apoiava-se inteiramente nela para o bom funcionamento da casa sem que ele fosse incomodado:

> Muitas vezes, Coretta viu as suas boas refeições secarem no forno quando uma emergência súbita me mantinha longe. No entanto, nunca se queixava e estava sempre presente quando eu precisava dela. Yoki e Beethoven, dizia ela, faziam-lhe companhia quando estava sozinha. Calma e sem preocupações, Coretta ocupava-se tranquilamente da tarefa de manter a casa a funcionar. Quando eu precisava de falar sobre as coisas, ela estava pronta a ouvir ou a dar sugestões quando eu as pedia. (138)

[th]No dia 30 de janeiro de 1956, a casa de King foi bombardeada, poucos dias depois de um telefonema ameaçador, e a situação era quase previsível. Ele apressou-se a verificar se a mulher e o filho estavam feridos e, quando se convenceu de que estavam fisicamente ilesos, admirou a frieza invulgar com que a mulher reagiu a um acontecimento tão perturbador. Admite que o seu próprio abalo foi atenuado pela coragem da mulher perante o desastre:

> Coretta não estava amarga nem em pânico. Tinha aceite tudo com uma compostura inacreditável. Ao reparar na sua calma, eu próprio fiquei mais calmo. (185)

Como modelo de esposa, o facto de Coretta ter apoiado o marido nos momentos verdadeiramente difíceis é também reconhecido por King. Mesmo quando o pai veio para a levar para um local seguro, ela recusou a ajuda e decidiu manter-se fiel ao homem e à vida que tinham escolhido:

> Depois de falar um pouco connosco, virou-se e disse: "Coretta, vim para a levar a si e ao bebé para casa comigo até esta tensão arrefecer." De uma forma calma mas positiva, Coretta respondeu: "Lamento, pai, mas não posso deixar o Martin agora. Tenho de ficar aqui com ele durante toda esta luta". (184)

É interessante notar que Michael Dyson, no seu livro *I May Not Get There With You*, afirma que "King estava em constante conflito com a mulher sobre o seu papel. Ela queria envolver-se muito mais no movimento; ele queria que ela ficasse em casa e criasse os filhos". A aparente compreensão do lugar da mulher a aquecer a lareira enquanto o homem traz o pão para a mesa leva-nos a refletir sobre se King colocou ou não a sua mulher em pé de igualdade na sociedade. Embora sem dúvida tenha dedicado a sua vida à causa da igualdade e da justiça para todos os homens, King, em casa, parece ter-se esquecido de praticar o que pregava.

Bearing the Cross, de David Garron, fala do conselho de Martin Luther King no *Ebony*, que se junta às tendências patriarcais que vemos na *Autobiografia*. "Quando uma mulher perguntou o que fazer em relação a um caso extraconjugal do marido, King disse-lhe para pensar no que a outra mulher poderia ter para oferecer que ela não tinha. Que defeitos dela poderiam fazer com que o marido procurasse outra pessoa? "Tu chateias?" King perguntou-lhe."

Olhando para trás, para o primeiro encontro, King diz na sua *Autobiografia* que os atributos de Coretta como pessoa com uma mente foi o que o ajudou a escolhê-la para esposa:

> Então sabes fazer outra coisa para além de cantar? Também tens uma boa mente. Tem tudo o que eu sempre quis numa mulher. Devíamos casar-nos um dia. (53)

Embora tencionasse apreciá-la pelo seu espírito, King parece ter perdido a concentração e passou a tratá-la como a mulher que lhe guardava a casa, em vez de a tratar como uma parceira igual na luta histórica pelos direitos da sua raça.

3.4 Martin Luther King Jr. como pai:

Na vida que escolhe para si próprio, o líder público não tem outra opção senão deixar a sua família e a si próprio expostos aos humores oscilantes da multidão, às ameaças e às orações esmagadoras, ao ódio e à obsessão do público. A situação de King não era diferente. Podemos simpatizar com a vulnerabilidade de um pai que tem uma filha recém-nascida a perder se algo correr mal e a ameaça for levada à letra.

> Conseguia ouvir o soprano alto e verdadeiro de Coretta através da janela da sala de estar. No quarto das traseiras, Yoki, agora com mais de um mês, estava bem acordada e ocupada a descobrir os seus dedos. Peguei nela e fui para a sala da frente, balançando-a ao ritmo da canção de Coretta.
>
> Esses momentos juntos tinham-se tornado raros. Nunca os podíamos planear, porque eu raramente sabia, de uma hora para a outra, quando estaria em casa. (133)

Depois de um telefonema ameaçador que o perturba, King fica momentaneamente abalado na sua determinação, antes de ser ajudado pela sua fé em Deus. Ao sentir as preocupações de um pai pela segurança do seu filho, que o seu pai sentiu por ele, King Jr. apercebe-se das mesmas preocupações por Yolanda. É a preciosa vida e o futuro dela, que ele tanto preza, que o faz dar um passo atrás e reconsiderar a situação:

> Sentei-me ali e pensei numa linda filhinha que tinha acabado de nascer. Eu chegava noite após noite e via aquele pequeno sorriso gentil. (156)

Yolanda Denise, Martin Luther King III, Dexter Scott e Bernice King são os quatro filhos que King cria e educa para se tornarem pessoas de sucesso.

Na sequência de uma vigília de oração realizada na fachada da Câmara Municipal de Albany, Geórgia, King e alguns dos seus companheiros de protesto foram presos a 27 de julho. Num diário de 5 de agosto de 1962, escreve sobre o consolo que encontrou ao encontrar-se com os seus filhos enquanto estava na prisão.

> Hoje foi um grande dia para mim, porque os meus filhos - Yolanda, Martin Luther III e Dexter - vieram visitar-me. Já não os via há cinco semanas. Estivemos juntos cerca de vinte e cinco minutos. Deram-me uma ajuda. (364)

No entanto, não são muito mencionados na sua *autobiografia*, o que pode ser visto como uma medida de proteção ou como a sua relutância geral em revelar pormenores muito pessoais de forma extravagante.

Isto leva-nos a constatar que a vida de um filho, de um irmão, de um marido e de um pai se entrelaça com a vida do dirigente público. O homem no palco é visto de longe, do outro lado da televisão, e através das palavras impressas sobre ele no jornal diário. Mas, ao examinar as suas autobiografias, deparamo-nos com um Amiri Baraka que se magoou com as fortes posições públicas da sua mulher, mas que deu prioridade às necessidades dela, mesmo que nem sempre pudesse satisfazê-las; um Malcolm X que foi um filho fiel e um irmão carinhoso; e um Martin Luther King Jr. que estava apaixonadamente apaixonado pela mulher e pelos filhos. Verifica-se que, embora Baraka opte por recordar as falhas da sua mulher, ignora o reconhecimento do seu papel nesse facto. Além disso, recorda todos os acontecimentos, públicos e pessoais, em relação às relações privadas. Há também um crescimento ou ascensão na estatura dos homens enquanto indivíduos que pode ser compreendido a partir de um traçado da sua linha temporal. Isto foi possível com o estudo das suas autobiografias no contexto das suas relações pessoais na instituição da família. A plataforma fornecida pela família ajuda nos primeiros passos de um potencial líder que, observado em retrospetiva, também nos mostra os eventos e emoções que são escolhidos para serem lembrados e retransmitidos na forma de escrita de vida.

CAPÍTULO 3
COMPREENDER O LÍDER COMO UM HOMEM DE RELIGIÃO

A religião e a espiritualidade são duas coisas que são provavelmente as mais difíceis de delinear em termos definitivos. Ambas contribuem para o significado da outra. A diferença reside no facto de que, enquanto a religião é um sistema organizado que presta homenagem a um deus, a espiritualidade é algo que nem sempre necessita de uma divindade para definir os parâmetros da conduta espiritual da pessoa. O objetivo deste capítulo é avaliar o líder público no contexto de um homem de religião.

1. Amiri Baraka:

A leitura de *The Autobiography of LeRoi Jones* mostra uma evolução constante do homem no aspeto ideológico. Criado como um filho cristão e frequentador da igreja, ele cresceu e identificou-se com os ideais comunistas, passando a abraçar os princípios islâmicos até se tornar, finalmente, um marxista secular. Numa entrevista com o Dr. Kent, escritor, jornalista e músico, Amiri Baraka refuta a ideia de que tenha sido, de alguma forma, uma pessoa religiosa: "Não, nunca fui muçulmano... Mudei o nome que me foi dado, Baracka, que é árabe. O Swahili fica a umas centenas de quilómetros a sul e mudei-o para Baraka, que é Swahili. Porque queria enfatizar esse aspeto de Barack. Mas o nome foi-me dado por um homem que eu achava ser um importante imã muçulmano, por isso nunca estive longe dessa aprendizagem, mas nunca estive ligado à religião. Não sou uma pessoa religiosa, sou comunista. Não é preciso ser religioso, como dizia Malcolm X: "Mantém a tua religião em casa, mantém a tua religião na igreja ou no templo", percebes o que quero dizer? Mas em termos de feiras para a democracia e a igualdade de direitos, penso que é isso que está a acontecer. Há pessoas que incomodam as pirâmides deles e eles vão e incomodam-nas também. Podemos culpar o Islão, se quisermos, mas não se trata do Islão, trata-se do facto de haver opressão e de as pessoas resistirem à opressão. Agora, muitas das coisas que alguns desses grupos de direita ditos muçulmanos fazem, eu também não concordo com isso. Nunca pensei que o suicídio fosse algo de especialmente novo, sabe? Mas, ao mesmo tempo, não se pode culpar a religião; isso seria como culpar o judaísmo por Israel. Ou culpar o cristianismo nos Estados Unidos. Não se pode fazer isso. Quer dizer, isso é um não-promotor".

Amiri Baraka estudou filosofia e estudos religiosos na Universidade de Rutgers, na Universidade de Columbia e na Universidade de Howard, sem obter um diploma. Escreveu um poema intitulado

"Somebody Blew Up America" e provocou uma reação bastante hostil por parte da Liga Anti-Difamação (ADL). Esta reação sionista de direita está a ser apoiada por senadores conservadores de Nova Jérsia para cortejar o voto judeu. Em 1974, Baraka adoptou uma posição marxista

Filosofia leninista. Convertido à seita Kewaida da fé muçulmana em 1968, adoptou o nome árabe "Imamu Amiri Baraka" e mudou-se para Newark, Nova Jérsia. "Imamu" é a palavra suaíli para líder espiritual. Em Newark, dirigiu a "Spirit House", uma comunidade negra religiosa, cultural e educativa. Em 1974, porém, abandonou o prefixo, identificando-se como marxista. Nos seus escritos, fala da aceitação colectiva do marxismo por ele e pela sua mulher e da empatia que partilhavam com os ideais do movimento:

> Uma expressão clara da nossa adesão ao marxismo tem sido a identificação enfática de Amina com a classe operária, uma vez que essa é a sua própria origem de classe, e o seu sentimento de que isso, por si só, é razão para acreditar que ela está correcta em relação a coisas que eu não conseguiria compreender. (xxiii)

Em criança, educado num lar cristão, escreve sobre as idas à igreja com a irmã e sobre a obrigação de se comportarem corretamente por parte da avó, que os repreendia de outra forma. As primeiras reflexões sobre a noção cristã de céu foram suscitadas pela morte da avó, que o afectou bastante. Se não era religioso, era sem dúvida uma pessoa espiritualizada desde tenra idade.

> Se alguma vez pensei seriamente no "céu" foi quando a minha avó morreu, porque eu queria que ela o tivesse, porque ela acreditava muito nisso. (21)

Foi um sentimento de parentesco e empatia com as raízes sofridas dos afro-americanos que levou LeRoi Jones a adotar um nome muçulmano. Apesar de o ter alterado para o tornar um nome mais africano do que muçulmano, o gesto de abandonar o primeiro nome para adotar um outro que lhe foi escolhido por uma irmandade de pessoas que trabalham pela igualdade dos negros tem um significado mais profundo. Este acontecimento pode ser entendido na justaposição de um escravo que abandona o nome que os seus senhores lhe deram e adopta um novo nome em busca de uma nova identidade num mundo livre. Para ele, o movimento de Libertação Negra foi um "fogo purificador" que o envolveu na elaboração de uma estratégia de guerra, de uma rebelião. Afirma ser mais um comunista do que um homem religioso e, no entanto, a adoção de um nome muçulmano permitiu-lhe sentir-se ligado a uma comunidade de pessoas que partilhavam a fé dos africanos antes da escravatura. Esta tentativa de partilhar a história e de se voltar para as raízes da sua cultura negra retrata a pacificação espiritual que ele procurava na instituição social da religião:

O que eu tinha gritado enquanto eles estavam a tentar matar-me. "Al Homdulliah!" Louvado seja o poder de Alá, o poder da negritude. Senti-me transformado, literalmente atirado para o olho do furacão negro da revolução que se aproximava. (370)

O mundo viu um revolucionário negro mudar de nome e converter-se ao Islão para melhor liderar o seu povo. Mas o que Amiri Baraka sentiu ao mudar o seu nome para um nome muçulmano e depois "bantuizá-lo" ou "swahilizá-lo" foi a sua liberdade de ser negro abraçada. Este assumir de um novo nome de uma fé mais próxima das crenças ancestrais de África, era, de certa forma, revisitar a tradição da escravatura e identificar-se com uma raça de pessoas que deitaram fora os seus nomes de escravos e adoptaram nomes da sua própria escolha.

Educou e levou o povo a revoltar-se e, para isso, a sua conversão ao Islão e ao seu conhecimento foi considerada uma condição prévia essencial. Além disso, Malcolm X também se converteu ao Islão ortodoxo após o seu choque com os ideais de Elijah Muhammad e da Nação do Islão. Este facto instigou muitos dos seus seguidores, incluindo Amiri Baraka e depois LeRoi Jones. O assassínio de Malcolm X incendiou-os e as obras da sua vida começaram a ganhar significado, encorajando Baraka a seguir as suas pegadas também no domínio da religião:

> ... Malcolm tinha-se tornado sunita pouco antes de ser morto, saindo da órbita social da Nação do Islão. Este facto deixou uma profunda impressão em muitos de nós. (375)

A influência de Malcolm X na sua vida é inegavelmente uma força potente que deu a Baraka uma nova direção para os seus sentimentos espirituais.

Durante a prisão, apercebeu-se da religião do Islão, à qual estava interessado em converter-se, tendo sido impedido apenas pela sua mulher, Amina Baraka.

> Fiquei numa cela onde tinha de descer cerca de meio metro. Era tão estreita que só cabia o beliche de solteiro e era muito escura. Fiz um tapete de oração com jornais e fiz Salat regularmente enquanto lá estive, o que me deu um grande conforto. É fácil perceber porque é que alguém na prisão se pode agarrar ao Islão. A sensação de ser apoiado por um poder superior àquele que o está a derrotar. É o atrativo de todas as religiões - uma pessoa é "protegida" por um poder superior. Mas não o suficiente. (381)

O seu reconhecimento de um poder superior testemunha a sua fé no Ser Supremo. Além disso, o facto de se consolar com a oração mostra um lado espiritual do homem que, de outro modo, se afirmava não religioso.

2. Malcolm X:

Nascido no seio da família cristã "Little", Malcolm Little teve uma infância difícil e também uma fase de rebeldia na ausência dos pais. Espiritualmente, viveu uma vida de vazio frustrado durante algum tempo antes de encontrar uma direção definida. Os seus escritos registam visitas à igreja quando era criança, mas não há qualquer recordação de que fosse um crente convicto do cristianismo.

O Islão tinha transformado o promíscuo Malcolm num homem que via as mulheres como irmãs e não como potenciais amantes. Comparado com o homem que mantinha uma ligação secreta desonrosa com uma mulher branca casada, sem pestanejar e aceitando todo o seu dinheiro, transformara-se num disciplinador tão absorvido na observação dos princípios do Islão que agora não tinha tempo para as mulheres.

> Sempre tive o cuidado de me manter completamente afastado de qualquer proximidade pessoal com qualquer uma das irmãs muçulmanas. O meu compromisso total com o Islão exigia que não tivesse outros interesses, especialmente, sentia eu, nenhuma mulher. Em quase todos os templos, pelo menos uma irmã tinha dado a entender que achava que eu precisava de uma esposa. Por isso, sempre deixei claro que o casamento não tinha qualquer interesse para mim; estava demasiado ocupado. (144)

Toda a sua compreensão das relações entre homem e mulher mudou. A sua perceção da mulher e dos seus deveres foi influenciada pelos ensinamentos e princípios islâmicos. As ideias de "amor", "luxúria" e "beleza" ganharam significado no contexto da sua nova fé. Chega mesmo a pôr em causa as noções que tinha anteriormente, influenciadas pela cultura ocidental. A condenação absoluta desses pontos de vista em favor dos novos mostra, de facto, um indivíduo em evolução. Agora, vê a mulher em termos do seu carácter e personalidade e da forma como complementa o marido.

> O facto é que a Betty é uma boa muçulmana e uma boa esposa. O Islão é a única religião que dá ao marido e à mulher uma verdadeira compreensão do que é o amor. O conceito ocidental de "amor", se o desmontarmos, é realmente luxúria. Mas o amor transcende apenas o físico. O amor é a disposição, o comportamento, a atitude, os pensamentos, os gostos, as aversões... são estas coisas que fazem uma bela mulher, uma bela esposa... O Islão ensina-nos a olhar para a mulher e ensina-a a olhar para nós. (149)

No entanto, na sua afirmação de que o Islão é a "única religião" que proporciona uma plataforma perfeita para o vínculo matrimonial, a sua pessoa religiosa domina a secular. Esta caraterística é visível em toda a sua vida islâmica.

Tal como no caso de Amiri Baraka, também aqui a conversão ao Islão significa, de certa forma, o regresso às raízes para encontrar uma identidade que lhe dê um objetivo na vida. Depois de uma fase de rebelião, Malcolm não teve dificuldade em acreditar que o homem que o tinha posto atrás das grades por estar com uma mulher branca era o diabo encarnado. Quando o seu irmão Philbert o apresentou à Nação do Islão, Malcolm aceitou-a, pois preenchia um vazio espiritual. O seu tempo na biblioteca da Colónia Prisional de Norfolk era passado na leitura produtiva de livros que o ajudavam a conhecer e a compreender, desenvolvendo-o intelectualmente e tornando-o mais recetivo à adoção de uma nova fé. A sua perceção do homem branco e do cristianismo sofreu uma reviravolta com a história do "deus alienígena".

> E onde a religião de todos os outros povos da terra ensinava aos seus crentes um Deus com o qual se podiam identificar, um Deus que pelo menos se parecia com um da sua própria espécie, o senhor de escravos injectou a sua religião cristã neste "negro". Este "negro" foi ensinado a adorar um Deus estranho que tinha o mesmo cabelo louro, pele clara e olhos azuis que o senhor de escravos. (108)

Esta teoria enraizou-se no recém-convertido Malcolm X e transformou-o num forte crente. Apesar de, enquanto membro da Nação do Islão, apenas ter travado a batalha dos negros contra a segregação e a desigualdade, era um firme seguidor dos princípios islâmicos. Como ele próprio definiu mais tarde, a sua primeira submissão pré-islâmica manifestou-se no facto de ter deixado de fumar, de beber e de comer carne de porco. De rebelde, enjaulado por ter sido apanhado em flagrante num caso de roubo e a viver à custa de reefers, Nembutal e Benzedrine contrabandeados pelos guardas prisionais, Malcolm ressurgiu como que das cinzas para se tornar um muçulmano que não faria nada que prejudicasse o seu corpo. Na prisão de Charlestown, Malcolm tinha-se revoltado contra Deus, numa tentativa de libertar a raiva e a frustração que sentia perante a injustiça da sua detenção. Este comportamento chocou os outros reclusos:

> Preferia a solidão que este comportamento me proporcionava. Andava horas a fio como um leopardo enjaulado, praguejando em voz alta para mim próprio. E os meus alvos preferidos eram os

> Bíblia e Deus. Mas havia um limite legal para o tempo que se podia ficar na solitária. Eventualmente, os homens do bloco de celas tinham um nome para mim: "Satanás". Por causa da minha atitude anti-religiosa. (102)

Uma vez no reino do mundo muçulmano, Malcolm apreciava imenso a sociedade criada pelos muçulmanos negros. O carácter pacífico das religiões impressiona-o de tal forma que exclama "Lindo!" ao descrever o tipo de associações que tinham. O comportamento educado e respeitoso dos homens e das mulheres e, sobretudo, das crianças, impressiona-o imenso. O modo de vida sombrio, grave e tranquilo dos muçulmanos é para ele uma novidade refrescante e atraente. Ficou surpreendido com a forma como as mulheres eram tratadas e aprendeu a dar-lhes o respeito que mereciam. Este acontecimento pode ser visto como um dos efeitos secundários da mudança de vida de uma pessoa que não se importava com as mulheres e os seus sentimentos, que mudava o cabelo para se parecer com o de um branco, que se vestia com cores berrantes num esforço para atrair a atenção. Sendo "invisíveis" para os brancos, como era a condição geral dos negros, este sentimento de serem negligenciados e invisíveis pode tê-los levado a "conk" o cabelo e a vestir fatos de zootwear cor de laranja brilhantes, bem como a desejar a atenção das mulheres brancas enquanto os homens brancos estavam arruinados. Agora que Malcolm virou as costas a essa vida, tornou-se um homem que admirava as virtudes superiores dos homens e a nova vida muçulmana, diferente da antiga:

> Nunca tinha visto nenhum negro cristão a comportar-se como os muçulmanos, tanto os indivíduos como as famílias... As irmãs muçulmanas, tanto as casadas como as solteiras, recebiam uma honra e um respeito que eu nunca tinha visto os homens negros darem às suas mulheres, e isso pareceu-me maravilhoso. (126)

Atraído pelos valores religiosos, Malcolm tornou-se membro de pleno direito da Nação do Islão e considerava o seu líder Elijah Muhammad como uma figura paternal. A vida que levava até à prisão era uma vida miserável e, tendo Elijah Muhammad lhe apresentado o novo modo de vida islâmico, Malcolm ficou-lhe extremamente grato e ficou com ele. Chegou mesmo a batizar a sua terceira filha com o nome de "Yasah", em homenagem ao líder ("Ilyas" significa "Elias" em árabe).

> Eu tinha mais fé em Elijah Muhammad do que alguma vez teria em qualquer outro homem nesta terra. Eu venerava-o. Acreditava tão fortemente no Sr. Muhammad que me teria atirado entre ele e um assassino. (187)

A sua lealdade era tão convicta e verdadeira que rapidamente assumiu responsabilidades como Ministro em mais do que um dos templos da Nação do Islão. Cresceu de forma constante na sua posição, sendo um homem devoto, e assumiu o lugar de "primeiro Ministro Nacional da Nação". Em 1963, Muhammad chegou mesmo a declarar Malcolm como o seu ministro mais trabalhador e fiel, afirmando a sua própria fé nele, dizendo que Malcolm o seguiria até à morte. Mas depois de as verdadeiras intenções do homem terem sido reveladas a Malcolm, a sua fé inabalável no Sr. Elijah Muhammad foi abalada, deixando-o destroçado e perturbado. Malcolm ficou psicológica e emocionalmente esgotado por ter de aceitar a amarga verdade sobre o homem que tinha colocado num pedestal ao lado de Deus. Malcolm foi incriminado por ir contra os desejos da Nação do Islão. Aproveitando a desculpa de um discurso proferido na sequência do assassinato de John F. Kennedy,

Elijah Muhammad "silencia" Malcolm X durante noventa dias e cria para ele uma imagem de rebelde. Em seguida, Malcolm tenta formar a sua própria organização, que "diferiria da Nação do Islão na medida em que abraçaria todas as crenças dos homens negros e poria em prática o que a Nação do Islão apenas pregava". A Mesquita Muçulmana Inc. foi planeada para ser a "base de trabalho para um programa de ação destinado a eliminar a opressão política, a exploração económica e a degradação social sofrida diariamente por vinte e dois milhões de afro-americanos". De muçulmano que pregava contra o cristianismo, Malcolm X evolui para um homem que se apercebeu de que todos os homens da sua raça eram vitimados e decidiu acolher no seio da sua organização todos os negros que precisavam de ser salvos e de lutar.

A mudança do seu nome, tal como no caso de Amiri Baraka, é mais uma vez emblemática da luta contínua da tradição escrava que procura uma identidade após a libertação.

> O "X" do muçulmano simbolizava o verdadeiro nome de família africano que ele nunca pôde conhecer. Para mim, o meu "X" substituiu o nome de escravatura branco de "Little" que um diabo de olhos azuis chamado Little tinha imposto aos meus antepassados paternos. (129)

Após a rutura com a Nação do Islão e a formação da organização da Mesquita Muçulmana Inc., Malcolm decidiu empreender a peregrinação sagrada a Meca. Financiado pela sua irmã Ella, a quem tinha introduzido na religião do Islão e de quem sempre dependeu, Malcolm partiu para cumprir o seu dever de fé. A viagem foi um acontecimento fundamental na sua vida, que contribuiu significativamente para o amadurecimento do homem que mudava constantemente de ideologia. Ao viajar para o estrangeiro, observou que a atitude das pessoas à sua volta era diferente daquela a que estava habituado na América. As multidões de pessoas que se dirigiam maioritariamente para a mesma peregrinação eram de todas as cores e raças. A única fé a que tinham dedicado as suas vidas, e pela qual estavam agora a embarcar numa viagem, tinha juntado todas estas pessoas. Este cenário de unidade na diversidade foi visto por Malcolm como uma celebração da fraternidade, da irmandade e do Islão. A igualdade pela qual Malcolm tinha lutado, a batalha contra a segregação em que os homens negros de toda a América se tinham empenhado, o velho confronto entre brancos e negros, tudo parecia ter sido resolvido e as pessoas viviam em coexistência pacífica. Homens de todas as nacionalidades e raças juntaram-se como irmãos, numa união amigável e calorosa que surpreendeu agradavelmente Malcolm, que descreve o sentimento como libertador:

> Fiquei com a sensação de que não havia aqui qualquer problema de cor. O efeito era como se eu tivesse acabado de sair de uma prisão. (202)

Uma expressão como esta é suficiente para nos levar a pensar nas implicações. A vida na América deve ter sido sufocante e semelhante a uma prisão para Malcolm fazer tal afirmação. Há também uma tendência para se relacionar com a tradição da escravatura e, ao exprimir-se desta forma, identifica-se com os escravos que foram libertados e com o tipo de vida que deveriam ter encontrado ao serem libertados. O verdadeiro sentimento de liberdade advém do facto de as pessoas considerarem o indivíduo como um ser humano, em vez de o julgarem pela cor da sua pele. A perceção de Malcolm do mundo exterior e de como deveria ser a vida dos negros na América formou-se gradualmente. Durante a viagem, sentiu o gosto do tipo de vida pelo qual toda a raça estava a lutar.

Embora as suas filosofias pudessem ter divergido radicalmente, Malcolm X acreditava que ele e Martin Luther King Jr. estavam a trabalhar para o mesmo objetivo e que, dado o estado das relações raciais na década de 1960, ambos teriam muito provavelmente um fim fatal.

> O objetivo tem sido sempre o mesmo, com abordagens tão diferentes como a minha e a marcha não violenta do Dr. Martin Luther King, que dramatiza a brutalidade e a maldade do homem branco contra os negros indefesos. E no clima racial deste país, atualmente, ninguém pode adivinhar qual dos "extremos" na abordagem dos problemas do homem negro poderá encontrar pessoalmente uma catástrofe fatal - primeiro o "não-violento" Dr. King, ou o chamado "violento" eu. (234)

Durante a peregrinação, Malcolm foi obrigado a efetuar o ritual da oração, algo que desconhecia. Sendo muçulmano, isso envergonhava-o. A futilidade de ter sido líder numa organização que não o equipava para fazer uma simples oração também é sugerida:

> Imaginem ser um ministro muçulmano, um líder da Nação do Islão de Elijah Muhammad, e não conhecer o ritual de oração. (205)

Apercebe-se da sua ineficácia na execução do ritual, devido ao facto de ser um ocidental. Os seus tornozelos não foram treinados para fazer o que as pessoas do Oriente faziam sem qualquer problema. No entanto, praticou sem parar para conseguir o que se propunha: ser um bom muçulmano e conhecer o Islão o mais possível. A fé que demonstra ao inculcar-se com as provações do Islão retrata-o como um crente firme e leal.

A forma como Malcolm se sentiu à vontade durante a peregrinação também influenciou a maneira como ele via a sociedade e a si próprio. As atitudes amigáveis das pessoas de nações estrangeiras e a sua natureza calorosa e acolhedora ajudaram Malcolm a formar a sua própria visão dos problemas de raça e religião.

> O facto de eu ser muçulmano americano fez com que as pessoas deixassem de me observar e passassem a querer cuidar de mim. (206)

No entanto, o que mais o impressionou foi a unidade entre os homens que tinham empreendido a peregrinação. Tendo sido educado por pais que lhe incutiram pela primeira vez na mente a noção de que a cor da pele afecta a forma como o mundo trata uma pessoa, Malcolm viveu num mundo de segregação. É verdade que lutou pela igualdade e se esforçou por alcançar um mundo onde os negros não tivessem de viver sob a subjugação e o domínio dos brancos. Mas sempre viveu com a consciência de que era negro e, portanto, diferente e menos privilegiado. A luta pela igualdade de direitos ainda não tinha terminado. Por isso, o ambiente que encontrou na peregrinação deixou-o profundamente impressionado. A religião, sendo a força que une os homens em vez de os separar, era para ele inspiradora. Impressionado com a forma como homens de várias nacionalidades e línguas se juntaram como um só, Malcolm ficou também impressionado com o tipo de hospitalidade que recebeu em casa de conhecidos. Era uma atitude completamente diferente da que recebera após a traição de pessoas tão próximas como Elijah Muhammad.

Na América, o homem negro tornava-se instintivamente cínico se alguém se esforçasse por fazer algo de bom por ele. Se se tratasse de um homem branco, era ainda mais difícil ver outra coisa que não fosse um motivo egoísta oculto por detrás da sua projectada bondade. O homem negro, na sua luta para contrariar o domínio dos brancos, torna-se automaticamente anti-branco, e a verdade desta questão só agora era evidente para Malcolm. Na honrosa e amável hospitalidade de

Dr. Azzam, um homem branco, Malcolm viu-se a si próprio como o racista em que se tinha transformado. Quando não tinha motivos para abdicar dos prazeres e do conforto da sua própria casa, fê-lo em nome da boa vontade para com um ser humano irmão. Isto transformou completamente as suas convicções sobre o homem branco:

> Foi nessa manhã que comecei a reavaliar o "homem branco". Foi quando comecei a perceber que "homem branco", tal como é habitualmente utilizado, significa apenas secundariamente tez; em primeiro lugar, descreve atitudes e acções. Na América, "homem branco" significava atitudes e acções específicas em relação ao homem negro e a todos os outros homens não brancos. Mas, no mundo muçulmano, eu tinha visto que os homens de tez branca eram mais genuinamente fraternos do que qualquer outro alguma vez tinha sido. (209)

Depois do Hajj, Malcolm adquiriu uma nova perspetiva sobre o dilema racial e a verdadeira religião do Islão. Ele tinha ostracizado o "demónio de olhos azuis" por ter imposto o seu nome aos seus antepassados. Agora, Malcolm via que a cor não era a culpada. O espírito de fraternidade e igualdade que os louros de olhos azuis e os africanos de pele negra partilhavam no seu Hajj era algo que as suas "experiências na América o tinham levado a acreditar que nunca poderia existir entre brancos e não brancos".

A religião, de certa forma, tem vindo a transformar constantemente a sua perceção e atitudes em relação aos problemas da raça. Ao empreender a peregrinação à cidade santa de Meca, Malcolm admite ter mudado a sua compreensão de certos factos contra os quais ele próprio tinha preconceitos. Estando a cor associada à religião, o Islão era visto como a religião natural do homem negro. O homem branco nem sequer podia ser membro da Nação do Islão. Todos estes pontos de vista tinham agora mudado:

> O daltonismo da sociedade religiosa do mundo muçulmano e o daltonismo da sociedade humana do mundo muçulmano: estas duas influências tinham cada dia um impacto maior e uma persuasão crescente contra o meu modo de pensar anterior. (212)

Na sua carta aos seus conterrâneos, Malcolm propagou as virtudes da sociedade em que tinha vivido nos últimos dias e falou da importância da necessidade de mudança da sociedade americana. Acreditava que a igualdade de todos os homens seria uma possibilidade se tivessem um Deus comum a quem se curvar e a quem se submeter.

> Pude ver que, se os americanos brancos pudessem aceitar a Unidade de Deus, então talvez também pudessem aceitar na realidade a Unidade do Homem - e deixar de medir, impedir e prejudicar os outros em termos das suas "diferenças" de cor. (213)

Esta viagem, de uma atitude rígida e severa de hostilidade para com pessoas de qualquer outra fé religiosa para uma perspetiva humanitária que abraçava todos os homens, fez com que Malcolm amadurecesse e se tornasse um homem tolerante e recetivo. Num ponto de trânsito, um homem branco sai do seu veículo pela janela e pergunta a Malcolm se ele se importava de apertar a mão a "um homem branco". Surpreendido com a pergunta, Malcolm responde: "Não me importo de apertar a mão a seres humanos. Tu és um? (226)

Assim, o amadurecimento gradual do humanitarismo no líder é transparente nos acontecimentos registados na sua autobiografia.

3. Martin Luther King Jr.:

Nascido numa casa cheia de pregadores da fé cristã, a direção ideológica do jovem Martin já estava decidida. Foi criado quase como se estivesse na própria igreja. Com crentes convictos e firmes sempre por perto, Martin cresceu naturalmente como um bom cristão. Sendo tão forte seguidor de Cristo, a sua família quase nunca teve em consideração as suas opiniões. As linhas com que começa a sua autobiografia levam-nos a questionar se ele sentiu que a religião lhe foi imposta. A falta de escolha de uma carreira pode ter sido algo que ele não apreciou muito.

> Claro que eu era religioso. Cresci na igreja. O meu pai é pregador, o meu avô era pregador, o meu bisavô era pregador, o meu único irmão é pregador, o irmão do meu pai é pregador. Portanto, não tive muita escolha. (9)

No entanto, Martin reconhece o contributo dessa família para a formação do seu próprio carácter. Profundamente religiosos, os seus pais eram tementes a Deus e amantes da paz. Fortes e corajosos nas suas crenças, criaram os seus filhos num ambiente protegido e feliz que contribuiu para as suas mentalidades positivas. O Martin cresceu com duas pessoas exemplares que serviram de modelo para uma vida honrada e digna. Por isso, foi relativamente fácil desenvolver uma personalidade espiritual num lar que pregava a religião.

> A minha situação familiar era muito agradável. Tenho uma mãe e um pai maravilhosos. Não me lembro de nenhuma vez em que eles tenham discutido (o meu pai é do tipo que não discute) ou se tenham desentendido. Estes factores foram muito importantes para determinar as minhas atitudes religiosas. É muito fácil para mim pensar num Deus de amor, sobretudo porque cresci numa família onde o amor era central e onde as relações amorosas estavam sempre presentes. (40)

As disposições calmas dos pais foram copiadas na natureza do filho. Os seus ideais e princípios foram adoptados por Martin desde tenra idade. Desenvolveu respeito e amor pelas duas pessoas que pareciam ter sempre uma conduta honrada. Por isso, as suas palavras também eram muito valorizadas. No entanto, por mais manso e dócil que fosse, o Martim era também, por natureza, uma criança precoce. Questionava quase tudo. E como exemplo de como só aceitou os seus ensinamentos religiosos depois de os ter questionado, recorda a sua aula de catequese:

> Aos treze anos, choquei a minha turma da escola dominical ao negar a ressurreição corporal de Jesus. As dúvidas começaram a surgir sem parar. (30)

Tendo-se tornado um adolescente que passou por uma fase natural de rebelião, Martin escreve sobre a altura em que a sua educação cristã lhe pareceu uma necessidade pesada que lhe foi imposta sem o seu consentimento. O seu pensamento independente fê-lo questionar a verdade do que tinha sido obrigado a aceitar. Sendo a universidade o lugar onde se aprende a questionar a autenticidade de tudo, Martin revela na sua escrita a sua fase de dissensão.

> Nunca me arrependi de ir à igreja até ter passado por um estado de ceticismo no meu segundo ano de faculdade. (30)

A sua mãe, Alberta Williams King, era professora e foi ela que lhe falou dos preconceitos raciais que impediam o bom funcionamento da sociedade. Ensinou-o a nunca se considerar menos do que os outros. No entanto, quando o seu colega de infância recebeu ordens para não se misturar mais com ele por causa de preconceitos raciais, tornou-se difícil para King aceitar os ensinamentos dos seus pais. Estes tinham-lhe inculcado o bom senso de não julgar ninguém em termos raciais e de, em vez disso, amar o homem branco, como é dever de um cristão amar os seus irmãos. Martin interrogava-se sobre como poderia amar uma raça de pessoas que o odiavam apenas por causa da cor da sua pele.

À medida que as suas ideias progrediam com a leitura de livros, o seu conhecimento dos princípios do comunismo, que tanto tinham atraído Amiri Baraka, também aumentava. Como o comunismo se baseava numa doutrina secular e materialista, não reconhecia o lugar de um deus. Martin afirma que, como cristão, nunca poderia aceitar tal visão. A sua fé num poder que não podia ser provado cientificamente era muito forte. O comunismo também coloca os interesses do Estado à frente dos interesses do homem. Assim, não é dada ao homem a importância que ele, como cristão, gostaria de dar a uma criação de Deus. Em oposição, os comunistas valorizam mais a instituição do Estado, criada pelo homem.

> Esta depreciação da liberdade individual era para mim uma objeção. Estou convencido agora, como então, de que o homem é um fim porque é filho de Deus. (32)

No entanto, também teve de concordar com um aspeto do comunismo: eles trabalhavam para uma sociedade sem classes. Como cristão, estava em sintonia com os comunistas neste aspeto. Ser negro numa sociedade branca também não era fácil para King; o facto de ser cristão não o ajudava muito. Sentiu a hostilidade dos brancos para com ele e isso levou-o a relacionar-se com a luta comunista a um nível mais pessoal.

> À medida que me fui aprofundando na filosofia de Gandhi, o meu ceticismo em relação ao poder do amor foi diminuindo gradualmente, e vi pela primeira vez a sua potência na área da reforma social. Antes de ler Gandhi, eu tinha quase concluído que a ética de Jesus só era eficaz nas relações individuais. A filosofia do "dar a outra face" e do "amai os vossos inimigos" só eram válidas, pensava eu, quando os indivíduos estavam em conflito com outros indivíduos; quando grupos raciais e nações estavam em conflito, parecia necessária uma abordagem mais realista. Mas depois de ler Gandhi, vi como estava completamente enganado. (40)

Mesmo em casa, King aprecia os esforços da sua mulher para manter uma casa bem cuidada e na qual "o amor cristão é uma realidade".

Em 1948, Martin Luther King Jr. obteve um diploma de sociologia no Morehouse College. Em seguida, frequentou o seminário liberal Crozer Theological Seminary, em Chester, Pensilvânia, onde foi orientado pelo presidente do Morehouse College, Benjamin E. Mays, que influenciou o crescimento e o desenvolvimento espiritual de Martin. Mays era um defensor declarado da igualdade racial e incentivou King a encarar o cristianismo como uma força potencial para a mudança social.

À medida que os movimentos sociais se desenvolviam, houve retaliações dos brancos em vários casos de bombardeamentos. A sua própria casa foi bombardeada, mas, felizmente, a sua família escapou ilesa. Com uma oração de fé e procurando forças para suportar as provações, King supera a tragédia com uma resolução pacífica. Noutro caso, a casa e a igreja de Ralph Abernathy foram bombardeadas numa só noite. King escreve sobre a falta de palavras para o confortar e o consolo que procuraram na oração matinal "pedindo a resistência, a força para continuar". (145)

Os constantes bombardeamentos e o facto de a sua luta pelo bem maior de uma raça de pessoas subjugadas ter colocado a sua família na linha direta de ataque dos inimigos enfraqueceram uma ou duas vezes a determinação de King. A imagem da mulher amada e da filha recém-nascida expostas à fúria dos seus adversários na luta fê-lo tomar consciência da riqueza que possuía e também do que poderia perder, caso lhes acontecesse alguma desgraça. Estas situações colocaram-no em dúvida sobre o tipo de vida que tinha escolhido para si e para a sua família. Além disso, apercebeu-se de que os seus pais também temiam constantemente pelo bem-estar da sua família. Tudo isto pesou-lhe na consciência e King recorreu à sua crença religiosa para obter ajuda.

> Digo-vos que já vi o relâmpago. Ouvi o rugido do trovão. Já senti o pecado a tentar conquistar a minha alma. Mas ouvi a voz de Jesus a dizer para continuar a lutar. Ele prometeu nunca me deixar sozinho. Naquele momento, experimentei a presença do Divino como nunca o tinha experimentado antes. Quase de imediato, os meus medos começaram a desaparecer. A minha incerteza desapareceu. Estava pronta para enfrentar tudo. (87)

Tal como Malcolm X acreditava que tudo o que fazia de bom era obra do Senhor e que "só os erros eram [seus]", Martin Luther King Jr. também tinha a mesma convicção. Qualquer coisa boa que fizesse, atribuía o mérito a Deus. Depois de ter sobrevivido ao atentado contra a sua vida perpetrado por uma mulher negra mentalmente perturbada, King disse que tinha conseguido ultrapassar o incidente sem grandes problemas devido à sua natureza indulgente, com que tinha sido abençoado por Deus.

> Se demonstrei uma calma invulgar durante o recente atentado contra a minha vida, não foi certamente devido a quaisquer poderes extraordinários que eu possua. Pelo contrário, foi

devido ao poder de Deus que actuou através de mim. (203)

Sendo um homem de paz e tranquilidade, King entrou no campo de batalha armado com a confiança e a fé em Deus e com a sua paz interior. Sentiu que, na luta que consumiu todas as suas forças para resistir, Deus estava a responder às suas orações para remover toda a amargura do seu coração, para lhe dar a força e a coragem para enfrentar qualquer desastre que surgisse no seu caminho e para lhe dar companhia nesta jornada de provação.

King viajou para a Índia em busca da terra habitada pelo Mahatma Gandhi, cujas filosofias tanto o tinham interessado e influenciado. O "Satyagraha" de Gandhi e o movimento de não-violência tinham ajudado as suas convicções de uma atitude pacífica em relação às guerras raciais.

O comentário de King sobre o assassínio de Malcolm X tem indícios de um cristão a escrever ao mundo muçulmano que ensinou a abandonar o cristianismo como a religião do homem branco.

> O assassinato de Malcolm X foi uma tragédia lamentável. Aprendamos com este trágico pesadelo que a violência e o ódio só geram violência e ódio, e que a palavra de Jesus continua a ser dirigida a todos os potenciais Pedro: "Guarda a tua espada". (387)

A luta entre a cruz e o crescente é uma das mais antigas da história da religião. Tem sido vista como o combustível do confronto entre o Oriente e o Ocidente, entre os negros e os brancos. Ajudou também muitos a encontrar um objetivo na vida, uma direção para o trabalho e um sentido para a sua existência. Amiri Baraka encontrou uma nova identidade que lhe permitiu um contacto mais próximo com as suas raízes. Malcolm X tem uma história semelhante de crescimento em estatura à medida que a espiritualidade ganha precedência sobre a religião. A vertente religiosa de Martin Luther King também tem reverberações na sua espiritualidade.

CAPÍTULO 4
COMPREENDER O LÍDER COMO UMA FIGURA PÚBLICA

Este capítulo tem como objetivo compreender o homem enquanto líder público em termos das suas emoções pessoais que a sua autobiografia nos revela.

Os acontecimentos ocorridos durante o Movimento dos Direitos Civis Afro-Americanos na década de 1960, que se esforçou por pôr fim à segregação racial e à discriminação contra os negros americanos, bem como por assegurar o reconhecimento legal e a proteção federal dos direitos de cidadania enumerados na Constituição e na lei federal, também contribuem para uma compreensão dos líderes do movimento como homens no espaço privado. Esta é uma observação das autobiografias para avaliar se o homem revela as suas emoções e sentimentos pessoais no retrato dos acontecimentos públicos da sua vida. Os incidentes que servem de preparação para um acontecimento histórico importante colocam o líder numa perspetiva pessoal, o que permite uma compreensão aprofundada deste fenómeno.

O Movimento dos Direitos Civis caracterizou-se por grandes campanhas de resistência civil. Entre 1955 e 1968, assistiu-se a numerosos actos de protesto não violento e de desobediência civil por parte de vários sindicatos, das principais confissões religiosas e de líderes proeminentes. Os governos federal, estatal e local, as empresas e as comunidades tiveram muitas vezes de responder imediatamente a estas situações que evidenciavam as desigualdades enfrentadas pelos afro-americanos.

1. Martin Luther King:

O movimento que sacudiu o mundo negro e branco da sua complacência anterior foi a solidariedade demonstrada para com Rosa Parks, uma mulher negra que finalmente deu voz ao grito sufocado dos negros que estavam fartos da injustiça das leis de segregação. Ficou célebre a sua recusa em ceder o seu lugar no autocarro em 1st de dezembro de 1955. Quatro dias mais tarde, numa reunião de massas na Igreja Batista de Holt Street, foi formada a Montgomery Improvement Association (MIA), tendo Martin Luther King como presidente. King descreveu o facto de o movimento ter sido bem sucedido como "um milagre" (cap. 7). No entanto, na noite anterior, King e a sua mulher Coretta passaram a noite num estado de nervos. O facto de a apreensão do protesto do dia seguinte estar a afetar King a nível pessoal pode ser visto na descrição que faz do choro da sua filha bebé, justaposto ao toque do telefone que trazia notícias e preocupações sobre o dia seguinte:

> Depois da meia-noite, o telefone deixou de tocar e Yoki parou de chorar. Cansado, disse boa noite a Coretta e, com uma estranha mistura de esperança e ansiedade, adormeci. A minha mulher e eu acordámos mais cedo do que o habitual na segunda-feira de manhã. (268)

King escreve sobre a espera pelo desenrolar do drama, descrevendo-a como "interminável". Ao ouvir a sua mulher gritar por ele, correu para a sala de estar para ver o êxito do protesto de boicote ao serviço público de autocarros. Ficaram à espera à janela, confirmando o boicote com a chegada e a partida de cada um dos três autocarros, após o que King percorreu ele próprio todas as ruas principais, examinando os autocarros públicos. A comunidade negra tinha começado a andar a pé, a cavalo e a mula ou qualquer outro meio de comunicação, exceto o serviço de autocarros. King recorda os sentimentos de uma raça de pessoas que tinha finalmente encontrado os seus próprios pés.

> Sabiam porque caminhavam, e esse conhecimento era evidente na forma como se comportavam. Enquanto os observava, percebi que não há nada mais majestoso do que a coragem determinada de indivíduos dispostos a sofrer e a sacrificar-se pela sua liberdade e dignidade. (156)

O transbordar de emoções de um homem negro ao ver os seus irmãos levantarem-se para lutar por si próprios é visível nos pequenos traços das suas expressões. Depois de ter suportado uma longa história de subjugação, a vitória colectiva na posição de um homem foi enorme.

A opção de andar a pé em vez de apanhar o autocarro estava a ganhar terreno rapidamente. As pessoas começaram a andar mesmo quando havia uma boleia disponível. O facto de King registar estes casos, que retratam a atitude geral de um povo que podia não ser capaz de se deslocar, mas que estava mentalmente preparado e pronto para lutar, é um exemplo do facto de ele se ter inspirado pessoalmente para liderar o movimento pelo qual os seus amigos negros tanto se esforçavam.

> Uma vez, um motorista de bilhar parou ao lado de uma mulher idosa que caminhava com dificuldades evidentes.

> "Salta para dentro, avó", disse ele. "Não precisas de andar."

> Ela acenou-lhe com a cabeça. "Não estou a caminhar por mim", explicou. "Estou a caminhar pelos meus filhos e pelos meus netos." E continuou a caminhar em direção a casa. (173)

A luta mantinha-os a todos no limite e os vários atentados bombistas que articulavam a retaliação dos seus adversários levaram Martin a pedir uma licença para transportar uma arma no carro para sua segurança pessoal. Quando o pedido foi recusado, King escreveu sobre como foi forçado a aceitar o medo de perder a vida:

> A partir desse momento, deixei de precisar de uma arma e nunca mais tive medo. Se nos tivéssemos distraído com a questão da minha segurança, teríamos perdido a ofensiva moral e teríamos descido ao nível dos nossos opressores. (178)

A comunidade negra, que tinha resistido, ficou abatida com os incessantes bombardeamentos e casos de violência. Quando aumentaram as dúvidas sobre se estariam a perder mais do que a ganhar, King teve um momento de fraqueza. Sendo uma pessoa sensível e amante da paz, sentiu-se extremamente desanimado por estar rodeado de tantos casos de violência. Isto deu origem a um sentimento de ineficácia e começou a duvidar das suas próprias capacidades. Numa certa missa de segunda-feira, durante a oração, admite ter-se desfeito enquanto rezava pela segurança das pessoas. Quando quis substituir a morte de um homem por ele próprio, como medida de proteção dos outros, a sala cheia de homens levantou a voz em protesto. A reação intensa tocou a sensibilidade do homem de coração terno e deixou-o estupefacto por alguns momentos. King esclarece que o que a imprensa tinha erradamente relatado como um colapso, foi de facto um momento de emoções avassaladoras que o dominaram, necessitando da ajuda de alguns amigos para recuperar a sua estabilidade.

> Desanimado, e ainda revoltado com os bombardeamentos, por alguma estranha razão comecei a sentir um sentimento pessoal de culpa por tudo o que estava a acontecer ... nas garras de uma emoção que não conseguia controlar, disse: "Senhor, espero que ninguém tenha de morrer como resultado da nossa luta pela liberdade em Montgomery. (196)

Aquando da independência do Gana, a 6 de março de 1957, King regista as emoções das pessoas em redor. A situação afectou-o também a um nível muito pessoal. Tendo conhecido as lutas do povo que tinha passado pela vida de submissão a um país estrangeiro, King sentiu compaixão pelo povo recém-libertado e, ao contemplar a sua libertação, encontrou algo mais. Alcançou um sentimento de purgação ao testemunhar um povo no ato de se tornar livre. O homem forte que liderou um povo na luta pela igualdade de direitos e pela justiça, sucumbiu ao puxão emocional da ideia de um mundo livre com igualdade de oportunidades.

> Conseguia ouvir as pessoas a gritar por toda aquela vasta plateia: "Liberdade! Liberdade! Liberdade!" Quando dei por mim, comecei a chorar. Ouvia-se crianças de seis anos e velhos de oitenta e noventa anos a gritar pelas ruas de Accra: "Liberdade! Liberdade!" Estavam a chorar de uma forma que nunca tinham ouvido antes. (208)

As muitas detenções que acompanham um movimento de protesto eram inevitáveis, pois Martin Luther King Jr. foi preso por razões tão supérfluas como uma infração de trânsito. A sua experiência de ser manipulado pelos guardas e pelas autoridades do departamento de polícia é recordada na sua autobiografia. Quando estava a ser transferido da Cadeia do Condado de DeKalb para a prisão estatal de Reidsville, a cerca de duzentos e vinte quilómetros de Atlanta, escreve que foi tratado como um criminoso empedernido. Acorrentado até às pernas, que estavam presas a algo no chão para garantir que não havia hipótese de fuga, King descreve a sua viagem como uma provação "pior do que morrer":

> Esse tipo de angústia mental é pior do que morrer, cavalgando quilómetro após quilómetro, com fome e sede, amarrado e desamparado, à espera e sem saber o que se espera. (212)

King escreve na sua autobiografia sobre o seu famoso discurso "I have a dream" (Eu tenho um sonho) que inspirou pessoas, tanto negras como brancas, durante gerações. Tinha um guião preparado, mas falou apenas com o coração. No dia 27th de agosto, preparou o discurso, pensando nas coisas que tinha para dizer em cerca de uma hora. Até cerca da meia-noite, dedicou-se a elaborar o esboço do discurso. Só às 4 horas da manhã seguinte é que terminou todo o texto da homilia. No entanto, depois de ter lido uma parte do texto, mudou de ideias. A audiência, descrita como "bem-humorada e descontraída, mas disciplinada e pensativa", deu-lhe uma resposta encorajadora. A força da sua dedicação foi comunicada através da sua atenção e aplausos. Vieram de todos os Estados da União, abdicando de um a três dias de salário e da taxa de transporte, que teria certamente feito um buraco nos seus já pequenos bolsos. O conhecimento do seu sacrifício voluntário produziu uma energia que emanou da multidão vibrante de ouvintes e se espalhou pela atmosfera geral, dominando King que estava a falar na tribuna. De repente, lembrou-se de um discurso que tinha proferido no Cobo Hall, onde tinha usado a frase "I have a dream" (Eu tenho um sonho). A atitude da multidão inspirou-o a proferir um discurso que lhe veio espontaneamente e o guião foi esquecido.

> Não sei porquê. Não tinha pensado nisso antes do discurso. Utilizei a frase e, nessa altura, afastei-me do manuscrito e nunca mais voltei a ele. (345)

Pela sua posição sobre a não-violência e a resistência pacífica, Martin Luther King Jr. foi alvo da revolta de Malcolm X, a quem King atribui um capítulo inteiro da sua autobiografia. Ele diz que, embora discordassem em muitos tópicos relativos à estratégia do movimento de protesto, King respeitava Malcolm pela sua "capacidade de pôr o dedo na existência e na raiz do problema". (Cap. 25) Quando Malcolm X disse às pessoas numa reunião que deviam questionar King sobre a futilidade da sua técnica de não-violência, King responde na sua autobiografia sobre o que pensava de toda a situação. Alegando ter sido mal interpretado pelo líder da Nação do Islão, justifica que o negro americano não tem alternativa racional à não-violência e que a resistência não-violenta era muito diferente da não-resistência ao mal. Afirma ainda que Malcolm X pode ter sido vítima do desespero que se apoderou da sociedade, tornando os negros inúteis com o sentimento de "ninguém". Propagava que, por muito forte que fosse a resistência, se fosse desumana, não seria suficientemente boa.

Tal como se condena a filosofia, o que eu fiz constantemente, é preciso ser igualmente vigoroso na condenação da existência continuada na nossa sociedade das condições de injustiça racial, depressão e desumanidade do homem para com o homem. (357)

O assassinato de Malcolm X, que King descreve como "brutal e sem sentido", foi um acontecimento com o qual ele queria que as pessoas "aprendessem". A conversão à religião mais natural do homem negro é também refutada na discussão de King sobre a morte de Malcolm. Ele faz uma comparação da violência com Malcolm, enquanto se diz que Jesus dá poder aos necessitados através de termos pacíficos.

O assassinato de Malcolm X foi uma tragédia lamentável. Aprendamos com este trágico pesadelo que a violência e o ódio só geram violência e ódio, e que a palavra de Jesus continua a ser dirigida a todos os potenciais Pedro: "Guarda a tua espada". (358)

A forma violenta como Malcolm morre é aproveitada por King para dar a conhecer as suas próprias opiniões sobre a questão da não-violência. Escreve sobre a necessidade de uma abordagem racional aos problemas da segregação racial e sobre a importância do amor e da humanidade para lidar com os opressores.

Penso que há uma lição que todos podemos aprender com isto: que a violência é impraticável e que agora, mais do que nunca, temos de seguir o caminho da não-violência para conseguirmos um reino de justiça e uma regra de amor na nossa sociedade, e que o ódio e a violência têm de ser lançados no limbo interminável se quisermos sobreviver. (359)

2. Malcolm X:

Homem endurecido pelo linchamento do pai e pelo definhamento da mãe num manicómio diante dos seus próprios olhos, pelos lares de acolhimento e pelas responsabilidades sociais, pela passagem pelo mundo do crime e pelo rejuvenescimento na Nação do Islão, Malcolm X não tinha praticamente nada que lhe ficasse no íntimo. Personalidade forte, que encontrou asas quando a organização muçulmana lhe deu um objetivo, Malcolm era um homem corajoso que não hesitava em exprimir os seus sentimentos em público. Assim, para ele, o espaço pessoal era geralmente dominado pelo público.

O facto de ter vivido com o conhecimento de uma avó violada, de um pai linchado e de uma mãe institucionalizada, tudo devido à sociedade que o rodeava, pode ter afetado a sua relação com a sociedade americana no seu todo. Nunca se sentindo seguro e protegido, a sua autobiografia regista os muitos casos em que fugiu de um lugar para outro em busca de um lugar a que pudesse chamar casa. Este facto pode tê-lo levado a manter o sentimento de ser um estranho na sociedade. Mesmo quando encontrou um lugar para si próprio na Nação do Islão e trabalhou com dedicação pela igualdade dos negros num mundo de brancos, foi apunhalado pelas costas pelo próprio homem que o introduziu na organização e no mundo muçulmano. Possivelmente, o maior ataque à sua imagem pública que o afectou no espaço pessoal foi a traição do seu mentor e suposto guia, Elijah Muhammad. Figura paternal para Malcolm, Muhammad tratava-o como um filho e chegou mesmo a anunciar publicamente que Malcolm era o seu seguidor mais trabalhador e leal. Mas, quando Malcolm ganhou estatura aos olhos do público, foi abatido na primeira oportunidade que lhe deu. O Sr. Muhammad tinha-lhe dito uma vez que os ciúmes colocavam um obstáculo ao crescimento de um homem na esfera pública e Malcolm registou este incidente como uma profecia:

> Quando se torna conhecido, passa a ser odiado. Porque normalmente as pessoas têm ciúmes de figuras públicas. (168)

Isto tornou-se realidade em pouco tempo e Malcolm X afastou-se da Nação do Islão. Os ciúmes impediram o progresso da própria organização e Malcolm lamenta o facto de as suas tentativas de ajudar os negros terem sido sufocadas por preconceitos que eram tolos face a preocupações como a desigualdade racial e a luta pela liberdade. Enquanto esteve em Nova Iorque, comprou uma máquina fotográfica em segunda mão e disparou inúmeros rolos de filme até ter experiência suficiente para manusear a máquina com perícia e tirar fotografias que pudessem ser publicadas. Aproveitava todas as pequenas oportunidades que encontrava para escrever pequenas notícias sobre acontecimentos interessantes da Nação do Islão. Dedicava um dia por mês, fechado num quarto, para que nada no mundo o pudesse distrair na montagem do material e das fotografias. Também tinha adquirido uma impressora e tinha aprendido o processo de publicação de um jornal, através da sua passagem pelo "Herald Dispatch", quando estava em Los Angeles para organizar um templo para a Nação do Islão. Como seguidor fiel de Elijah Muhammad, chegou mesmo a dar ao jornal o nome de "Muhammad Speaks" e pôs os seus irmãos muçulmanos a vendê-lo nos passeios do gueto. Esta produção do jornal, que ele descreve tão pormenorizadamente na sua autobiografia, mostra-nos o quão magoado ficou quando, de repente, o mundo se virou e o desacreditou por todo o seu trabalho sincero.

> Nem sonhava que, mais tarde, quando os ciúmes se instalassem na hierarquia, nada sobre mim seria publicado no jornal que eu tinha fundado. (151)

Esclarece também que não foi o desejo de interesses materiais como a publicidade e a cobertura mediática do seu papel de líder que o levou a retaliar. Mas ele via que havia mais no jornal muçulmano sobre "líderes" negros integracionistas do que sobre Malcolm, que aparecia mais na imprensa de

África, da Ásia e da Europa.

Não me estou a queixar da publicidade para mim. Eu já tinha recebido mais publicidade do que muitas personalidades mundiais. Mas ressentia-me do facto de o próprio jornal dos muçulmanos lhes negar notícias de coisas importantes que estavam a ser feitas em seu nome, simplesmente porque eu tinha feito essas coisas. Eu estava a fazer comícios, a tentar propagar os ensinamentos de Muhammad e, por causa da inveja e da estreiteza de espírito, acabei por não ter qualquer cobertura - pois já tinha sido dada uma ordem para me apagar completamente do jornal. (184)

Depois de se ter esforçado tanto para seguir o líder, Malcolm recorda-se de ter ficado destroçado com a notícia de que Elijah Muhammad tinha sancionado a sua morte. Os muçulmanos ficaram com a ideia de que Malcolm se tinha rebelado e ido contra Muhammad quando este fez o discurso sobre a morte de Kennedy. Mesmo depois de se ter submetido e de ter sido silenciado durante noventa dias, Muhammad continuou a apagar Malcolm de cena. Esta constatação magoou Malcolm para além das palavras e ele recorda-se de se sentir fisicamente esgotado.

Parecia que a minha cabeça estava a sangrar por dentro. Sentia que o meu cérebro estava danificado... Precisava de descansar. (191)

A sua médica de família, a Dra. Leona A. Turner, que exercia a sua profissão em East Elmhurst, Long Island, examinou-o e verificou que ele estava muito stressado. Malcolm descreve o seu estado após o choque inicial. Ficar em Nova Iorque tinha-se tornado uma tensão devido aos incessantes telefonemas e às pessoas que esperavam para especular e comiserar. Enganado pelo próprio homem por quem estava disposto a levar um tiro, Malcolm cambaleou sob o peso da constatação de que estava numa guerra com o homem que considerava um pai. Isto ter-lhe-ia parecido mais um exemplo da sociedade americana a sustentar a vida nele. O lar seguro que construíra na Nação do Islão foi-lhe novamente arrancado, enquanto ele vagueava atónito, em busca de outra direção.

Eu estava num estado de choque emocional. Era como alguém que, durante doze anos, tivesse tido um casamento inseparável e bonito - e, de repente, uma manhã, ao pequeno-almoço, o cônjuge tivesse atirado para cima da mesa uns papéis de divórcio.

Senti como se algo na natureza tivesse falhado, como o sol ou as estrelas. (192)

Quando ainda era novo na organização da Nação do Islão, foi sugerido como potencial ministro. Aparentemente, esta ideia nunca tinha passado pela cabeça de Malcolm e foi apanhado de surpresa quando, num jantar, lhe pediram para falar ao grupo de pessoas que se tinha reunido nessa noite. Tratava-se de um pequeno grupo de ministros muçulmanos e convidados e foi-lhe dada a oportunidade de se dirigir a eles. Num discurso extemporâneo, recorda que estava hesitante e nervoso. Como a sua única experiência de falar para uma multidão eram as sessões de debate na prisão, voltou a escolher um tema de discussão sobre o qual estava bem informado. Tomando uma decisão segura ao falar sobre as religiões e o problema racial, tocou a corda certa em cada um dos irmãos e irmãs muçulmanos presentes na sala naquele dia. Falou do cristianismo e da forma como este tinha feito uma lavagem cerebral ao negro e lhe tinha roubado a sua fé natural, como lhe tinha prometido um paraíso, enquanto o homem branco construía um paraíso para si próprio na terra com o pé nas costas do homem negro. Os horrores da escravatura eram a questão que todos lutavam por ultrapassar e, sendo esta a área em que estava realmente bem equipado, Malcolm proferiu um discurso que mais tarde recorda como o mais eletrizante e avassalador de todos os discursos que alguma vez proferiu.

> Hoje, quando milhares de muçulmanos e outros foram ouvidos diante de mim, quando milhões de pessoas foram ouvidas para além dos microfones da rádio e da televisão, tenho a certeza de que raramente sinto tanta eletricidade como a que foi então gerada em mim pelos rostos virados para cima daqueles setenta e cinco ou cem muçulmanos, além de outros visitantes curiosos, sentados no nosso templo em frente à loja, com o guincho dos porcos a chegar do matadouro mesmo à porta. (130)

A questão da morte a bater-lhe à porta é um exemplo que mostra que a vida pública invadiu a sua vida privada. Mesmo o acontecimento público do assassínio do homem já era conhecido de Malcolm X. Ele sabia que, pelas coisas que sabe e diz, já era como um homem morto, o que lhe permitia avaliar a sua própria vida e morte na esfera pessoal. Sabia que morrer numa idade madura não era uma possibilidade muito forte, tendo em conta o facto de ter acumulado muitos inimigos e razões para uma morte violenta.

> Especular sobre a morte não me perturba como a algumas pessoas. Nunca senti que viveria até ser um homem velho. Mesmo antes de ser muçulmano - quando era um traficante de droga na selva do gueto e depois um criminoso na prisão - sempre pensei que iria ter uma morte violenta. De facto, é algo que corre na minha família. O meu pai e a maior parte dos seus irmãos morreram pela violência - o meu pai por causa daquilo em que acreditava. Resumindo, se eu pegar no tipo de coisas em que acredito e acrescentar a isso o tipo de temperamento que tenho, mais a dedicação de cem por cento que tenho àquilo em que acredito - estes são ingredientes que tornam quase impossível que eu morra de velhice. (234)

No entanto, foi lamentável que, no momento em que finalmente denunciou a violência e amadureceu o suficiente para compreender que a humanidade era um serviço e um culto maior do que qualquer religião e líder, tivesse de ter uma morte que correspondia à violência da sua vida.

3. Amiri Baraka:

Após o assassinato de Malcolm X em 1965, Baraka, num esforço para queimar todas as pontes com o passado, deixou a sua mulher branca e os seus dois filhos e mudou-se para o Harlem. Aí fundou a 'The Black Arts Repertory/Theatre School', uma vez que o Movimento das Artes Negras criou uma nova representação visual da arte. Baraka tornou-se um dos principais defensores e teóricos do aumento da arte negra durante este período. Agora um "nacionalista cultural negro", separou-se dos Beats, predominantemente brancos, e tornou-se muito crítico do movimento pacifista e integracionista dos Direitos Civis. A sua poesia revolucionária tornou-se mais controversa.

Baraka era um líder que estava constantemente a ser atacado verbalmente pela sua forma revolucionária de lidar com um problema. Quando a imprensa e os críticos estavam ocupados a censurá-lo, ele tomava uma posição e respondia furiosamente, o que a sua mulher Amina considerava ser "resistência à mudança". O facto de ela tomar partido pelos críticos e tentar justificar o seu ponto de vista irritou e frustrou Baraka ainda mais. Ele sentiu-se traído pela falta de solidariedade dela para com o homem que dizia amar. Ao negligenciar as suas percepções e ideologias e ao não o seguir quando ele defendeu a liderança na China após a morte de Mao e os seus ataques ao ultra-esquerdista "Gang of Four", Baraka sentiu-se menosprezado e desprezado. Quando Amina tentou argumentar que os seus críticos tinham razão, apesar de dizerem que ele poderia estar a colaborar com a polícia, ele viu isso como uma irritação pela perda da dominação masculina oficial que, de qualquer forma, não era uma realidade em casa. As críticas públicas ao seu trabalho e aos pontos de vista que defendia, feitas pela sua própria mulher, perturbaram-no e puseram o seu casamento numa situação difícil.

Amiri Baraka teve uma vida em que o público predominou sobre o privado durante todo o tempo. Desde que foi um trabalhador do movimento dos direitos civis, sempre teve uma mentalidade única em relação à sua vida e ao seu objetivo. Chega mesmo a cortar todas as relações com a mulher branca e os filhos para abraçar a sua "negritude". A vida privada quase nunca se sobrepõe à pública.

Resumindo este capítulo, verificamos que as narrativas de Malcolm X e Martin Luther King Jr. mostram uma sobreposição do espaço público ao espaço privado, ao passo que a autobiografia de Amiri Baraka trata sobretudo da vida pública em relação a esses laços que não revelam tanto as suas emoções privadas como os outros. Os textos estão repletos de potencialidades para uma avaliação abrangente da influência das esferas pública e privada uma sobre a outra.

CONCLUSÃO

O debate sobre a vida pública e privada dos líderes do Movimento dos Direitos Civis na América serve para provar como uma nação contribuiu para fazer de ninguém um homem. Descobriu-se que a influência da sociedade americana é um fator determinante na transformação de um afro-americano num líder público.

A história do negro americano foi sempre uma realidade difícil de enfrentar, tanto para os brancos como para os negros. Os relatos de infância dos três homens, no segundo capítulo, mostram como um afro-americano cresce numa América onde os problemas da segregação e dos preconceitos raciais prejudicam o equilíbrio da criança socialmente desafiada. Por exemplo, no caso de Malcolm X, encontrámos um rapaz que teve de lidar com a violação da avó, a vergonha da mãe, a cruel injustiça do pai, os duros golpes na sanidade da mãe e a sua própria infância arruinada. Teve de crescer separado dos irmãos e perder o rumo e a fé. A fase de rebeldia continua durante muito tempo até à formação final de uma personalidade bem formada. A infância de Martin Luther King Jr. foi enraizada na disciplina, criada na segurança de uma família confortavelmente estabelecida. A família que o cria, bem como a família que ele próprio cria, mostram que os três homens exercem uma grande influência na formação do seu carácter. Este aspeto da vida privada é um dos traços que transparece da leitura das suas autobiografias.

Os problemas que atormentam uma criança negra formam a sua personalidade para se erguer contra a opressão e ripostar. Este livro procurou compreender os factores que compõem o tecido de um líder - um líder que se forma devido à própria sociedade que tenta derrubá-lo. O líder forma-se porque retalia - luta. O líder forma-se porque retalia, porque luta. Esta evolução da criança negra manifesta-se no facto de crescer para compreender os problemas e ser suficientemente pressionado pela sociedade para se lançar numa profissão dedicada à libertação de uma raça de pessoas. Os três homens sofrem as consequências de terem nascido como crianças negras numa América branca. A constatação incessante do seu "crime" de ser negro acaba por fazer transbordar o seu limite e a ira de toda uma raça contribui para a formação de um homem que se ergue e bate o pé. Amiri Baraka, através das suas obras de arte, exprime os seus sentimentos, que também encontram reflexo na autobiografia. Na narrativa de Malcolm X, vemos um homem que encontra o seu caminho através da religião e da fé. Trabalha ativamente para criar um mundo muito diferente daquele em que foi condenado a viver. A sua escrita mostra um homem negro preocupado com um conk, drogas e raparigas, que se transforma num disciplinador rigoroso com um fetiche pela religião e uma fé inabalável num líder.

Verificou-se que a religião tem uma grande influência na natureza de um homem. O seu nível de tolerância é muito afetado pelo tipo de espiritualidade que pratica. Enquanto Martin Luther King Jr. e Malcolm X eram homens de forte fé, Amiri Baraka exprime uma tendência para que as posições políticas definam a sua personalidade. A mudança de nomes foi considerada um fator comum na descoberta de um objetivo e de um significado nas suas lutas, tanto para Amiri Baraka como para Malcolm X.

Este livro é também uma prova de como a vida pública se sobrepõe à privada e de como o pessoal se infiltra no profissional. É difícil separar os dois aspectos na vida de um dirigente público. No entanto, o estudo comparativo revelou-nos os esforços dos homens para os distinguir. Enquanto King parece proteger excessivamente a sua privacidade, Baraka é tão público quanto possível. No seu próprio retrato objetivo do eu, quase não se fala dos seus momentos de fraqueza. Raramente confessa os seus erros; mas encontramos casos em que afirma honestamente o seu "eu" imperfeito, sem qualquer invenção. Tanto na narrativa de Martin Luther King Jr. como na de Malcolm X, verificou-se que as suas emoções e sentimentos privados, que se escondem por detrás de acontecimentos históricos importantes, são também comunicados ao leitor.

A autobiografia é vista como parte da escrita da história social e, na vida dos três homens, isso é evidente. A narração que fazem dos acontecimentos e experiências, em retrospetiva, revela uma história da sociedade afro-americana em geral. É visto como uma recordação da vida de uma pessoa, mas nunca se trata de uma pessoa só. Trata-se de uma história social. Os acontecimentos infelizes que mancharam a história da nação são contados como experiências pessoais. A partir de um relato da vida das três figuras representativas, a história do seu povo pode ser reconstruída. Como obra de arte, como escrita histórica, como confissão, as autobiografias contêm informações importantes que escapam ao conhecimento superficial da figura pública.

A descida do líder da plataforma pública (ou do pedestal) serve para revelar o homem em termos das suas relações familiares que explicam as irregularidades da sua imagem enquanto figura pública. A fase difícil da vida, que é realçada nas suas recordações em associação com a família, afectou a personalidade do homem que Malcolm X se tornou. Cumprindo os deveres de filho, irmão, marido e pai, o homem da família assume várias responsabilidades que o transformam no produto final de um líder. Mostra-nos também os primeiros traços do tipo de líder que ele mais tarde se tornará.

O efeito da religião num homem pode ajudar a restaurar a sua fé num poder superior - um facto que a maioria de nós pode testemunhar. Espiritualidade e religião podem ser coisas completamente diferentes, mas há uma progressão marcada de qualquer tipo de fé, mesmo que seja cega, para a fé na bondade ou no poder do próprio indivíduo. As formas como as crenças pessoais de um homem influenciam as suas acções e comportamentos são evidentes nas narrativas autobiográficas e são essenciais para estabelecer a ideia de que a religião é um fator importante na criação de um líder. Não é apenas através dos rituais que partilham ou dos festivais em que participam; a religião é um banco de poder a que um líder recorre quando lhe é pedido que se levante e seja a energia que leva uma comunidade de várias religiões a lutar por um objetivo coletivo.

O homem no palco é um mistério. Os sentimentos e emoções privados que permanecem desconhecidos das massas poderiam, se fossem trazidos à luz, guiar uma sociedade em mais do que um sentido. Ao assistir a um discurso lendário ou ao ouvir falar de um movimento revolucionário, o rosto em que nos concentramos não conta toda a história. Por baixo da fachada, há muitos sentimentos reservados que não são reconhecidos. São os momentos descobertos numa autobiografia que nos falam da distinção entre um acontecimento público e as suas ramificações privadas. Através da sua narrativa de vida, o biógrafo dá ao leitor uma espreitadela numa mente que deu direção à vida de muitas pessoas. Embora seja verdade que o autor estaria em condições de fabricar para o mostrar melhor, estes documentos servem também para dar uma lição de moral.

Esta avaliação do conteúdo de uma autobiografia contribui para uma compreensão das esferas pública e privada da vida de um líder. Sugere-se aqui que qualquer autobiografia de qualquer personalidade pública começa no espaço privado do lar, da família, da religião e da comunidade, mas continua a expandir-se para incluir elementos que são difíceis de classificar. Por conseguinte, uma história pessoal torna-se um exemplo nacional ou racial através deste processo de expansão. Também é possível que histórias maiores se contraiam no espaço pessoal. Estes textos de escrita de vida ilustram-no.

OBRAS CITADAS

Baraka, Amiri. *The Autobiography of LeRoi Jones.*Chicago: Chicago Review Press, 1997. Imprimir.

Cobb, P. "Where Is the Mind? Perspectivas construtivistas e socioculturais sobre o desenvolvimento da matemática".*Educational Researcher* 23.7(1994): 13-20 <<http://www.jstor.org/stable/1176934>>. Acedido: 06.02.15

King Jr., Martin Luther. *The Autobiography of Martin Luther King Jr.* Nova Iorque: Hachette Book Group, 1998. Imprimir.

Matusov, Eugene e Renee Hayes. "Sociocultural critique of Piaget and Vygotsky". *Newark DE.*(2000) 215-239 <<www.elsevier.com/locate/newideapsych>>. Acedido em: 27.02.15

Smith, Sidonie e Julia Watson. *Reading Autobiography: A Guide for Interpreting Life Narratives.* London: U of Minnesota P, 2001. Imprimir.

Stone, Albert E. *Autobiographical Occasions and Original Acts [Ocasiões Autobiográficas e Actos Originais]: Versions of American Identity" [Versões da Identidade Americana].* Pensilvânia: U of Pennsylvania P, 1987. Imprimir.

X, Malcolm. *The Autobiography of Malcolm X [A Autobiografia de Malcolm X].* Nova Iorque: Random, 1965. Impressão.

I want morebooks!

Buy your books fast and straightforward online - at one of world's fastest growing online book stores! Environmentally sound due to Print-on-Demand technologies.

Buy your books online at
www.morebooks.shop

Compre os seus livros mais rápido e diretamente na internet, em uma das livrarias on-line com o maior crescimento no mundo! Produção que protege o meio ambiente através das tecnologias de impressão sob demanda.

Compre os seus livros on-line em
www.morebooks.shop

info@omniscriptum.com
www.omniscriptum.com

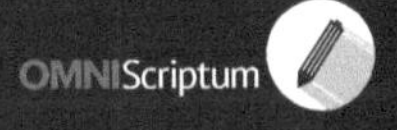

Printed by Books on Demand GmbH, Norderstedt / Germany